for your everyday from the greats.

大切なことに気づく
365日
名言の旅

Quotes of 365 days from the Great minds

はじめに

今から250年以上前、
「アメリカ建国の父」の一人と言われる
ベンジャミン・フランクリンは世界最古の
「格言が入った日めくりカレンダー」を
つくったと言われています。

当時のアメリカはまだまだ開拓時代で、
貧しかった民衆たちは、
このカレンダーの中の言葉から、
毎日、生きる知恵や大切なことを学んだそうです。

この本をつくった理由もそれと同じです。

365日、偉人たちが残した言葉に触れながら
大切な毎日を過ごしてもらいたい。

この本には、
1月3日なら坂本龍馬、
3月14日ならアインシュタインというように、
その日に生まれた偉人の名言を世界中から集めて、
その偉人たちが見たであろう
世界中の景色とともに掲載しています。
毎日一つずつ、
言葉と写真を旅するように眺めながら、
時には
「自分や友人の誕生日は誰の名言だろう？」
と楽しみながら、
大切なことを思い出してもらえれば嬉しいです。

Quotes of 365 days from the Great min..

「優しい言葉は、たとえ簡単な言葉でも、ずっとずっと心にこだまする」。

——マザー・テレサ（修道女）

1
月

January

Quotes of 365 days from the Great minds

Quotes of January 1
1月1日

人はいつ死ぬかわからない。朝起きて、今日も命があったと思う。だから、今日、精一杯生きる。

——ロレンツォ・デ・メディチ（政治家）

バイカル湖

LORENZO DE' MEDICI
Birth 1449.1/1 - 1492.4/8

Quotes of January 2

1月2日

大胆に立ち向かったとき、困難は消え去る。

―― アイザック・アシモフ（作家）

サリーナス・グランデス

ISAAC ASIMOV
Birth 1920.1/2 - 1992.4/6

Quotes of January 3

1月3日

人として生まれたからには、
太平洋のように、
でっかい夢を持つべきだ。

——坂本龍馬（志士）

RYOMA SAKAMOTO
Birth 1836.1/3-1867.12/10

スワローズネスト

1月4日

Quotes of January 4

老人とは、静かな哀しみとともに、蒸し暑い昼のあとに訪れた涼しい夕べのなかで、いわば玄関前のベンチに腰かけて、過ぎし人生を振り返ることを許された人々なのである。

ヤーコプ・グリム

ジャイサルメール城

JACOB GRIMM
Birth 1785.1/4–1863.9/20

Quotes of January 5

1月5日

希望に生きる者は、つねに若い。

—— 三木清（哲学者）

KIYOSHI MIKI
Birth 1897.1/5 - 1945.9/26

モラヴィア

Quotes of January 6
1月6日

あなたが何者であるかを放棄し、
信念を持たずに生きることは、
死ぬことよりも悲しい。
若くして
死ぬことよりも。

――ジャンヌ・ダルク（軍人）

モン・サン・ミシェル

JEANNE D'ARC

Birth 1412.1/6-1431.5/30

Quotes of January 7

1月7日

もっとも卓越した人々とは、自己研鑽や勉強を今もやめない人々のことである。苦労なくしては何も得られない。人生は、永久に勉強である。

——シャルル・ペギー 詩人

CHARLES PEGUY
Birth 1873.1/7 - 1914.9/5

Quotes of January 8

1月8日

どこへ行きたいのか
わからなければ、
目的地に着いても気づかない。

――エルビス・プレスリー（ミュージシャン）

ボンネビル・ソルトフラッツ

ELVIS PRESLEY
Birth 1935.1/8 - 1977.8/16

Quotes of January 9

1月9日

January

人間は、
負けたら終わりなのではない。
あきらめたら終わりなのだ。

—— リチャード・ニクソン〔政治家〕

RICHARD NIXON

Birth 1913.1/9-1994.4/22

ロサンゼルス

Quotes of January 10

1月10日

人間には
負けるとわかっていても
戦わなければならないときがある。
だから、たとえ負けても勝っても、
勝負をもって
人を評価しないでください。

——福沢諭吉（作家）

自由の女神

YUKICHI FUKUZAWA
Birth 1835.1/10 - 1901.2/3

Quotes of January 11

1月11日

January

世界はつねに、勇気ある者のための劇場である。

――ウィリアム・ジェームズ（心理学者）

WILLIAM JAMES
Birth 1842.1/11-1910.8/26

アリゾナ

Quotes of January 12

1月12日

美しく立派な、よい心を持った相手を待っていることは難しいことです。しかし、待つことによって、幸福は増しこそすれ、減ることはありません。

——シャルル・ペロー（詩人）

ブルターニュのポピー畑

CHARLES PERRAULT
Birth 1628.1/12-1703.5/16

Quotes of January 13

1月13日

種を蒔き、木を育てることをせず、実を採ることしか知らない者は、成功への道を歩むことはできない。

―― エルヴィン・フォン・ベルツ 医師

北海道のジャガイモ畑

ERWIN VON BALZ

Birth 1849.1/13 - 1913.8/31

Quotes of January 14

1月14日

初恋に勝って、人生に失敗するというのはよくある例で、初恋は破れるほうがいいという説もある。

——三島由紀夫（作家）

聖マルティン大聚堂

YUKIO MISHIMA
Birth 1925.1/14 - 1970.11/25

Quotes of January 15

1月15日

心の中に、夢をしまっておく場所をいつも空けておきなさい。

——マーティン・ルーサー・キング・ジュニア（牧師）

MARTIN LUTHER KING JR.
Birth 1929.1/15 - 1968.4/4

グランドキャニオン

Quotes of January 16

1月16日

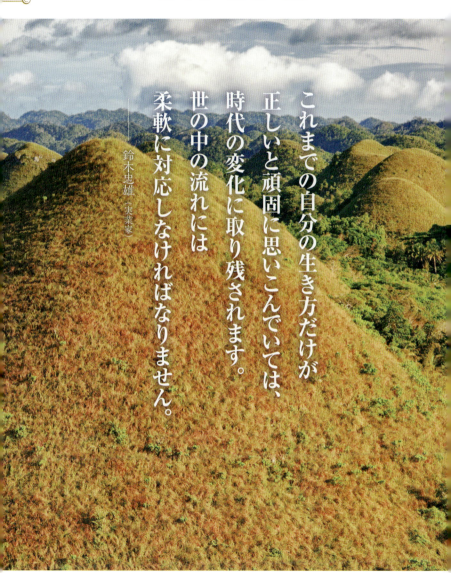

これまでの自分の生き方だけが
正しいと頑固に思いこんでいては、
時代の変化に取り残されます。
世の中の流れには
柔軟に対応しなければなりません。

——鈴木忠雄(実業家)

チョコレートヒルズ

TADAO SUZUKI

Birth 1930.1/16–2010.10/12

Quotes of January 17

1月17日

January

困難を予期するな。
決して起こらないかも
知れぬことに
心を悩ますな。
つねに心に太陽を持て。

―― ベンジャミン・フランクリン〔政治家〕

BENJAMIN FRANKLIN

Birth 1706.1/17–1790.4/17

エル・ミラージュ湖

Quotes of January 18

1月18日

偉大なことを成し遂げる人は、つねに大胆な冒険者である。

——シャルル・ド・モンテスキュー（哲学者）

モハーの断崖

CHARLES-LOUIS DE MONTESQUIEU
Birth 1689.1/18 – 1755.2/10

Quotes of January 19

1月19日

何かを望むなら、
その事柄を寝ても覚めても
ひたすら想い続けよ。
そうすれば、
たとえ邪な思いでも叶えられる。

—— 道元（宗教家）

宮古島

DOGEN
Birth 1200.1/19-1253.9/22

Quotes of January 20

1月20日

伝えたいのは、「自分の才能にプライドを持つ」ということ。
志を高く、誇りを持って突き進むことで、人生を実り豊かにしてくれる出会いを引き寄せてほしい。

——三國連太郎（俳優）

赤岳

RENTARO MIKUNI

Birth 1923.1/20 – 2013.4/14

Quotes of January 21

1月21日

情熱はすべての美の鍵です。情熱なしで魅力的な美など存在しません。

――クリスチャン・ディオール（ファッションデザイナー）

アブラハム湖

CHRISTIAN DIOR

Birth 1905.1/21-1957.10/24

1月22日

Quotes of January 22

人生は道路のようなものだ。一番の近道は、たいてい一番悪い道だ。

——フランシス・ベーコン（哲学者）

ファール・デュ・プティ・ミヌー灯台

FRANCIS BACON
Birth 1561.1/22-1626.4/9

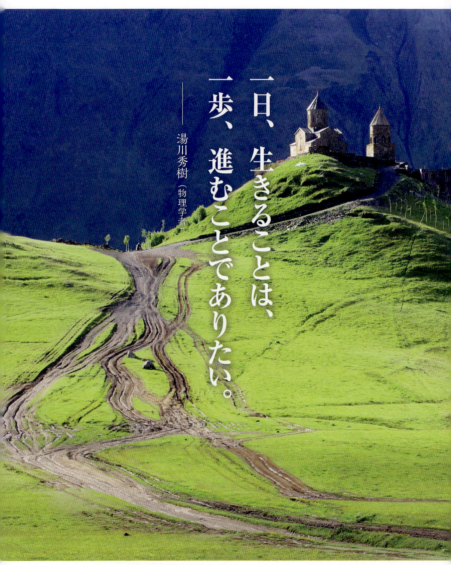

Quotes of January 23

1月23日

一日、生きることは、一歩、進むことでありたい。

――湯川秀樹（物理学者）

ツミンダサメバ教会

HIDEKI YUKAWA
Birth 1907.1/23 - 1981.9/8

1月24日

Quotes of January 24

泣きたいときには、笑い飛ばすことにしている。

——カロン・ド・ボーマルシェ 劇作家

ディナン

CARON DE BEAUMARCHAIS
Birth 1732.1/24 – 1799.5/18

Quotes of January 25

1月25日

人生とは
おもしろいものです。
何かひとつを手放したら、
それよりずっと
いいものが
やってくるものです。

—— サマセット・モーム（作家）

モナコ

SOMERSET MAUGHAM
Birth 1874.1/25~1965.12/16

Quotes of January 26

1月26日

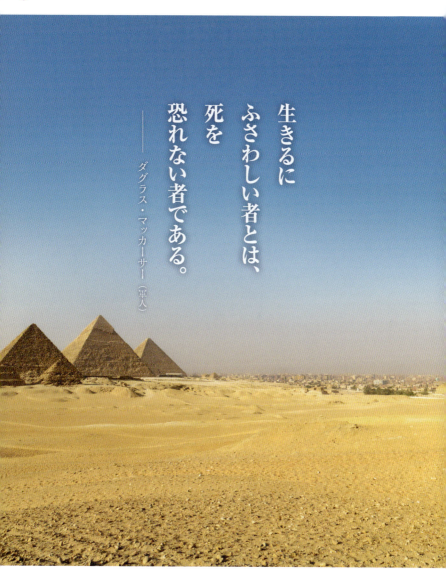

生きるに
ふさわしい者とは、
死を
恐れない者である。

—— ダグラス・マッカーサー（軍人）

ギザのピラミッド

Douglas MacArthur

Birth 1880.1/26 - 1964.4/5

Quotes of January 27

1月27日

多くのことをなす近道は、一度にひとつのことだけすることだ。

——ヴォルフガング・アマデウス・モーツァルト〈音楽家〉

WOLFGANG AMADEUS MOZART
Birth 1756.1/27-1791.12/5

ハルシュタット

Quotes of January 28

1月28日

生命は人間の持つ
最大の武器だが、
捨てることを惜しんだら
武器にはならない。

——チャールズ・ゴードン（軍人）

オックスフォード大学

CHARLES GORDON

Birth 1833.1/28 – 1885.1/26

1月29日

Quotes of January 29

英雄とは、自分のできることをする人だ。

――ロマン・ロラン〈作家〉

ROMAIN ROLLAND
Birth 1866.1/29 – 1944.12/30

セブン・シスターズ

Quotes of January 30

1月30日

背負う荷物を
軽くしてほしいなどと
願ってはならない。
背負えるだけの
強い背中にしてほしいと
願いなさい。

—— フランクリン・ルーズベルト（政治家）

ホワイトサンズ

FRANKLIN ROOSEVELT

Birth 1882.1/30 - 1945.4/12

Quotes of January 31

1月 31日

January

人の一生とは、
重い荷物を背負って
遠い道のりを歩くようなものだ。
急いではいけない。

──徳川家康（江戸幕府1代将軍）

富士山

IEYASU TOKUGAWA

Birth 1543.1/31-1616.6/1

2
月

February

Quotes of 365 days from the Great minds

2月1日

Quotes of February 1

川のこちら側にいれば、
向こう側のことはわからない。
ひとつ川を渡ってみようじゃないか。

——ルイ・オーギュスト・ブランキ　革命家

セーヌ川

LOUIS AUGUSTE BLANQUI
Birth 1805.2/1-1881.1/1

Quotes of February 2

2月2日

成功の秘訣は
「どうにかなる」という考えでなく、
「どうなるか」を研究し、
「どうするか」の計画を立てて、
実行すること。

―― 鹿島守之助（実業家）

フェロー諸島

MORINOSUKE KAJIMA
Birth 1896.2/2 - 1975.12/3

Quotes of February 3

2月3日

起こってほしい奇跡を
毎日書き出してみなさい。
それは本当に
やってくることになります。

——ガートルード・スタイン（詩人）

GERTRUDE STEIN

Birth 1874.2/3 - 1946.7/27

ランドマンナロイガル

Quotes of February 4

2月4日

成功は成し遂げた内容によって
測られるのではない。
その人が出くわした障害の大きさと、
打ちのめされそうな困難に
立ち向かって奮闘を続けた
勇気によって測られるのである。

───チャールズ・リンドバーグ（飛行家）

クーパーペディ

CHARLES LINDBERGH
Birth 1902.2/4 - 1974.8/26

Quotes of February 5

2月5日

私の心は私のもの。ほかのだれにも、何者にも、縛られはしない。

――天璋院篤姫（江戸幕府13代将軍御台所）

ノイシュヴァンシュタイン城

TENSHOIN ATSUHIME
Birth 1836.2/5 - 1883.11/20

Quotes of February 6

2月6日

簡単ではないかもしれない。でもそれは「できない」という理由にはならない。

——ベーブ・ルース（プロ野球選手）

サン・マリノ

BABE RUTH
Birth 1895.2/6 - 1948.8/16

Quotes of February 7

2月7日

過去を後悔しなくていい。
未来に怯えなくていい。
そんなところを見るのではなく、
今このときに集中しなさい。

——アルフレッド・アドラー（心理学者）

ALFRED ADLER
Birth 1870.2/7 - 1937.5/28

ウィーン

44

Quotes of February 8

2月8日

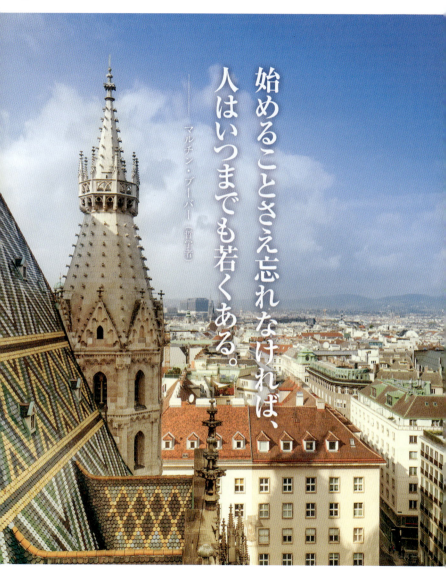

始めることさえ忘れなければ、人はいつまでも若くある。

――マルチン・ブーバー（哲学者）

シュテファン大聖堂

MARTIN BUBER
Birth 1878.2/8 - 1965.6/13

Quotes of February 9

2月9日

あなたが今まく種はやがて、
あなたの未来となって現れる。

——夏目漱石

SOSEKI NATSUME
Birth 1867.2/9 - 1916.12/9

ベルゲン

46

Quotes of February 10

2月10日

死ぬことを
恐れてはいけない。
本当に恐れるべきなのは
人生を精一杯
生き抜かないことである。

——ベルトルト・ブレヒト（劇作家）

蔵王の樹氷

BERTOLT BRECHT
Birth 1898.2/10 - 1956.8/14

Quotes of February 11

2月11日

私たちの最大の弱点は諦めることにある。成功するためにもっとも確実な方法は、つねにもう一回だけ試してみることだ。

——トーマス・エジソン（発明家）

THOMAS EDISON
Birth 1847.2/11-1931.10/18

2月12日

Quotes of February 12

待っているだけの人たちにも
何かが起こるかもしれないが、
それは
努力した人たちの
残り物だけである。

——エイブラハム・リンカーン／政治家

エス・ベルデ島

ABRAHAM LINCOLN
Birth 1809.2/12 - 1865.4/15

2月13日

Quotes of February 13

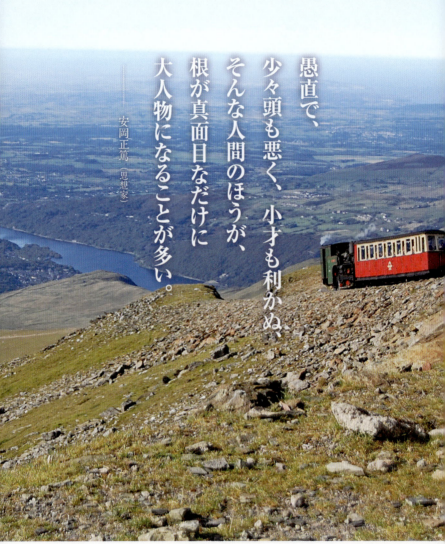

愚直で、少々頭も悪く、小才も利かぬ、そんな人間のほうが、根が真面目なだけに大人物になることが多い。

―― 安岡正篤（思想家）

スノードン山

MASAHIRO YASUOKA
Birth 1898.2/13 - 1983.12/13

2月14日

Quotes of February 14

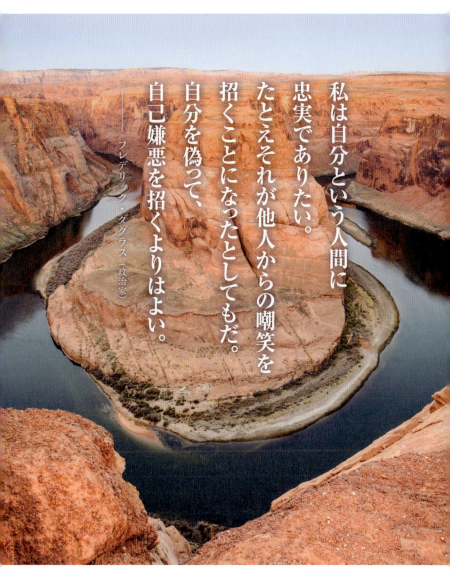

私は自分という人間に忠実でありたい。たとえそれが他人からの嘲笑を招くことになったとしてもだ。自分を偽って、自己嫌悪を招くよりはよい。

——フレデリック・ダグラス（政治家）

ホースシューベンド

FREDERICK DOUGLASS
Birth 1818.2/14-1895.2/20

Quotes of February 15

2月15日

見えないと始まらない
見ようとしないと始まらない。

——ガリレオ・ガリレイ『物理学者』

マントン

GALILEO GALILEI

Birth 1564.2/15 – 1642.1/8

Quotes of February 16

2月16日

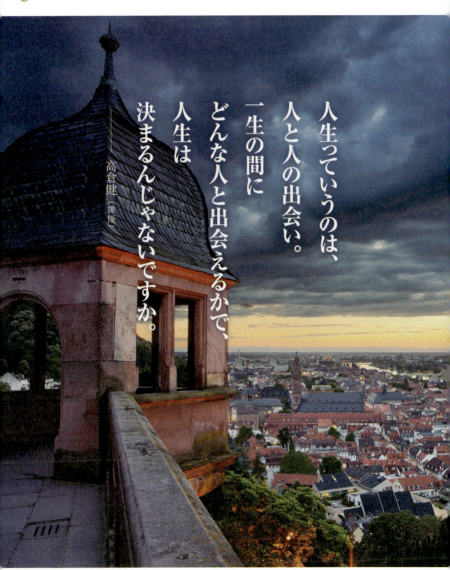

人生っていうのは、人と人の出会い。一生の間にどんな人と出会えるかで、人生は決まるんじゃないですか。

——高倉健〈俳優〉

ハイデルベルク

KEN TAKAKURA
Birth 1931.2/16 - 2014.11/10

Quotes of February 17

2月17日

日の光を借りて照る大いなる月であるよりも、自ら光を放つ小さな灯火でありなさい。

—— 森鴎外（作家）

OGAI MORI
Birth 1862.2/17 - 1922.7/9

ダンガイアー城

2月18日

Quotes of February 18

たわわに実った木の枝は低く垂れる。偉大になりたければ、控えめで、従順で、謙虚でありなさい。

——ラーマクリシュナ（宗教家）

サンタマリアのブドウ畑

RAMAKRISHNA
Birth 1836.2/18〜1886.8/16

2月19日

Quotes of February 19

自由というただひとつの言葉。
思うにこの言葉こそ、
古くからの人間の熱狂を
いつまでも持続させるに
ふさわしいものなのだ。

——アンドレ・ブルトン（詩人）

オテル・デ・ザンヴァリッド

ANDRE BRETON
Birth 1896.2/19-1966.9/28

Quotes of February 20

2月20日

いかなる問題であっても、具体的であるということは最後の、そして最良の結論だ。

——石川啄木（歌人）

シントラ

TAKUBOKU ISHIKAWA
Birth 1886.2/20-1912.4/13

Quotes of February 21

2月21日

長生きの秘訣は、「退屈しないこと」、「よく笑うこと」、「どうにもならないことはくよくよしないこと」よ。

―― ジャンヌ・カルマン〈世界最長寿記録保持者〉

JEANNE CALMENT
Birth 1875.2/21-1997.8/4

モスクワ

Quotes of February 22

2月 22日

死ぬことは悪くない。
死について考えることから
解放してくれるから。

——ジュール・ルナール（作家）

ガルダ湖

JULES RENARD

Birth 1864.2/22 - 1910.5/22

Quotes of February 23

2月23日

若いときには、
若い心で
生きていくよりないのだ。
若さを振りかざして
運命に向かうのだよ。

——倉田百三（劇作家）

HYAKUZO KURATA
Birth 1891.2/23 - 1943.2/12

ナゲット・ポイント灯台

2月24日

Quotes of February 24

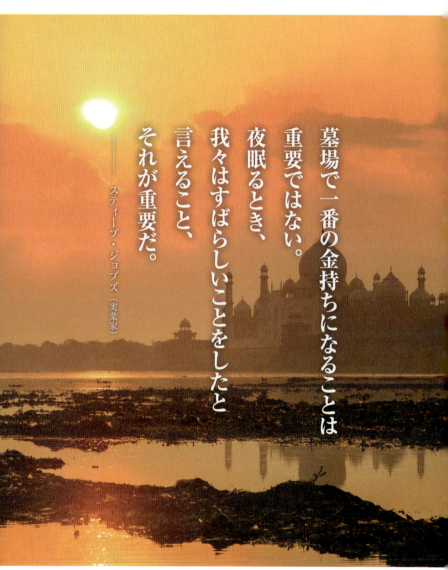

墓場で一番の金持ちになることは重要ではない。
夜眠るとき、我々はすばらしいことをしたと言えること、それが重要だ。

—— スティーブ・ジョブズ（実業家）

タージ・マハル

STEVE JOBS
Birth 1955.2/24-2011.10/5

2月25日

Quotes of February 25

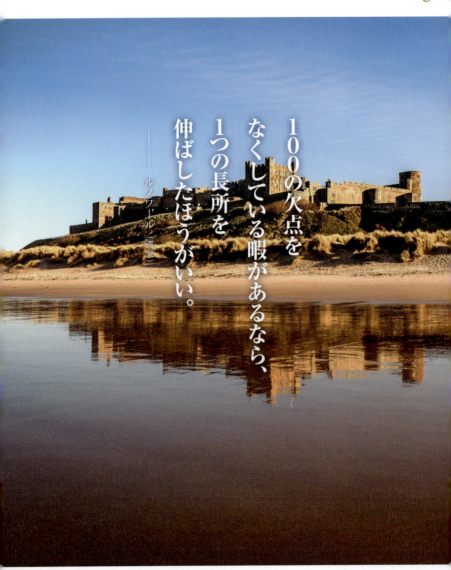

100の欠点を
なくしている暇があるなら、
1つの長所を
伸ばしたほうがいい。

——ルノワール（画家）

RENOIR
Birth 1841.2/25 - 1919.12/3

バンバラ城

2月26日

Quotes of February 26

海よりも広いものがある。
それは空だ。
空よりも広いものがある。
それは人の心だ。

——ヴィクトル・ユーゴー（詩人）

サン・マロ

VICTOR HUGO

Birth 1802.2/26 ~ 1885.5/22

Quotes of February 27

2月27日

それでは、立ちあがり、行動しよう。
いかなる運命のもとでも、
精一杯に。

——ヘンリー・ワーズワース・ロングフェロー（詩人）

HENRY WADSWORTH LONGFELLOW
Birth 1807.2/27-1882.3/24

フィレンツェ

2月28日

Quotes of February 28

世の中には、勝利よりももっと勝ち誇るに足る敗北があるものだ。

——ミシェル・ド・モンテーニュ（哲学者）

ケルモルヴァン灯台

MICHEL DE MONTAIGNE
Birth 1533.2/28 - 1592.9/13

3 月

March

Quotes of 365 days from the Great minds

3月1日

Quotes of March 1

人間は時として、
満たされるか満たされないか
わからない欲望のために
一生を捧げてしまう。
しかし、その愚を笑う人は、
つまるところ、
人生に対する路傍の人に過ぎない。

——芥川龍之介〔作家〕

ブラーノ島

RYUNOSUKE AKUTAGAWA
Birth 1892.3/1 - 1927.7/24

Quotes of March 2

3月2日

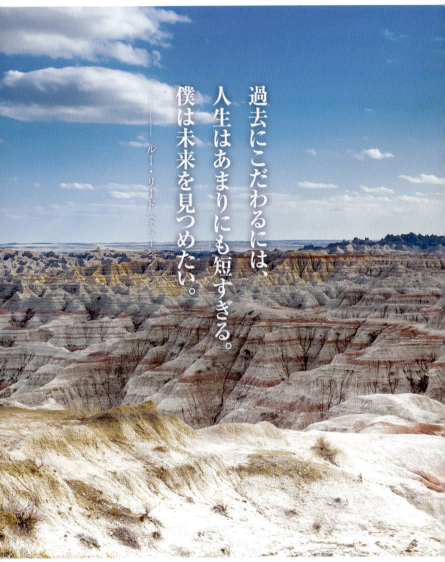

過去にこだわるには、人生はあまりにも短すぎる。僕は未来を見つめたい。

——ルー・リード（ミュージシャン）

Lou Reed

Birth 1942.3/2 - 2013.10/27

バッドランズ国立公園

3月3日

Quotes of March 3

時には踏みならされた道を離れ、森の中へ入ってみなさい。そこではきっと、あなたがこれまでに見たことがない、何か新しいものを見出すに違いありません。

——アレクサンダー・グラハム・ベル（発明家）

イーストボーン

ALEXANDER GRAHAM BELL
Birth 1847.3/3 - 1922.8/2

Quotes of March 4

March

3月4日

「運」ってやつは、
たえず変わる。
今、後頭部にがんと
一撃くわせたかと思うと、
次の瞬間には
砂糖をほおばらせてくれたりする。
問題はただひとつ、
へこたれてしまわないことだ。

―― アラン・シリトー（作家）

ALAN SILLITOE

Birth 1928.3/4-2010.4/25

リンディスファーン城

70

3月5日

Quotes of March 5

時は命なり。
時計の針は
時間を刻んでいるのではない。
自分の命を
刻んでいるのだ。

―― 安藤百福（実業家）

ビッグ・ベン

MOMOFUKU ANDO
Birth 1910.3/5 - 2007.1/5

Quotes of March 6

3月6日

勝者は、つねに諦めない。

── ピート・グレイ（プロ野球選手）

イエローストーン国立公園

PETER J. GRAY

Birth 1915.3/6-2002.6/30

3月7日

Quotes of March 7

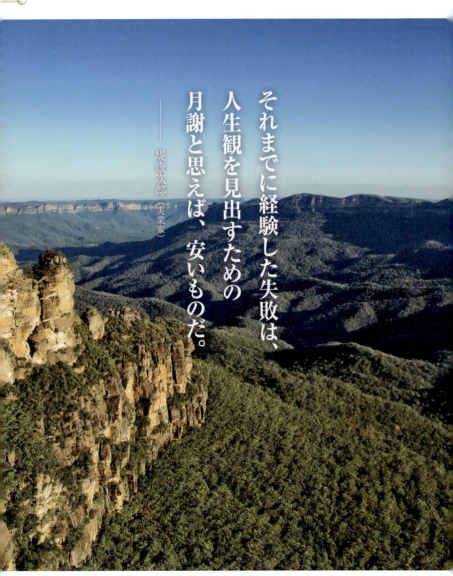

それまでに経験した失敗は、人生観を見出すための月謝と思えば、安いものだ。

——堤康次郎（実業家）

ブルーマウンテン

YASUJIRO TSUTSUMI
Birth 1889.3/7 - 1964.4/26

3月8日

Quotes of March 8

真理は平凡な中にある。一朝一夕にことがなるものではない。一日一日が大事なのだ。

——佐伯旭（実業家）

AKIRA SAEKI
Birth 1917.3/8-2010.2/1

バガン

3月9日

Quotes of March 9

アイデアを見出す目さえ持っていれば、自分の想像力を発揮できる分野はいたるところにあります。人より先に走りだす者こそ創造者なのです。

——ヴィタ・サックヴィル・ウェスト（詩人）

サハラ

THE HON VICTORIA MARY SACKVILLE WEST
Birth 1892.3/9 – 1962.6/2

3月10日

Quotes of March 10

おにぎりがもらえるまで歩くから、もらえないってことはないんだな。

――山下清［画家］

KIYOSHI YAMASHITA
Birth 1922.3/10-1971.7/12

バターミア湖

3月11日

Quotes of March 11

道が窮ったかのようで
ほかに道があるのは世のつねである。
時のある限り、人のある限り、
道が窮るという理由はないのである。

—— 大隈重信（政治家）

メテオラ

SHIGENOBU OKUMA
Birth 1838.3/11 - 1922.1/10

Quotes of March 12

3月12日

自分の価値は
自分で決めることさ。
つらくて貧乏でも、
自分で自分を殺すことだけは
しちゃいけねえよ。

―― 勝海舟（政治家）

KAISHU KATSU

Birth 1823.3/12 - 1899.1/19

コモ湖

Quotes of March 13

3月13日

重いものをみんな捨てると、
風のように歩けそうです。

—— 高村光太郎（詩人）

石垣島

KOTARO TAKAMURA

Birth 1883.3/13 - 1956.4/2

3月14日

Quotes of March 14

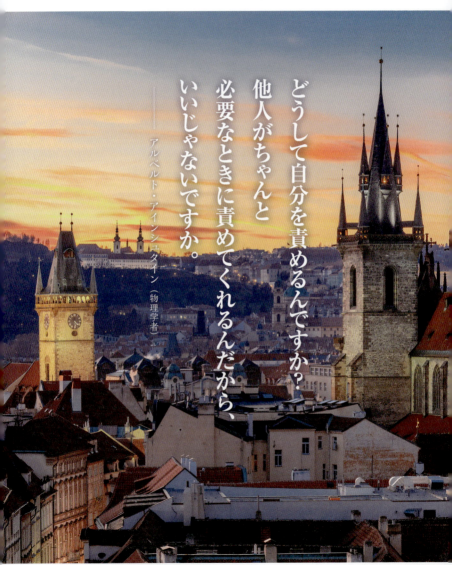

どうして自分を責めるんですか？
他人がちゃんと
必要なときに責めてくれるんだから、
いいじゃないですか。

——アルベルト・アインシュタイン（物理学者）

ALBERT EINSTEIN
Birth 1879.3/14 - 1955.4/18

プラハ

March

Quotes of March 15

3月15日

多数の意見は、勇気ある一人がつくる。

―― アンドリュー・ジャクソン（政治家）

ランスのブドウ畑

ANDREW JACKSON
Birth 1767.3/15 – 1845.6/8

Quotes of March 16

3月16日

もうこれで満足だというときは、すなわち衰えるときである。

——渋沢栄一(実業家)

EIICHI SHIBUSAWA
Birth 1840.3/16 - 1931.11/11

ヴェルナッツァ

March / Quotes of March 17

3月17日

人生の長い目でみれば、「運」というものは、だれにでも平等公平なものだ。

——ボビー・ジョーンズ（プロゴルファー）

ピラン

BOBBY JONES
Birth 1902.3/17 - 1971.12/18

3月18日

Quotes of March 18

子どもたちには、高い理想を持ち、理想に溺れることなくして自分のやりたいことをやってほしいと思う。

── 横山やすし（漫才師）

YASUSHI YOKOYAMA
Birth 1944.3/18 - 1996.1/21

イビサ島

March / Quotes of March 19

3月19日

人間のやったことは、人間がまだやれることの100分の1にすぎない。

——豊田佐吉（実業家）

東京タワー

SAKICHI TOYOTA
Birth 1867.3/19 - 1930.10/30

Quotes of March 20

3月20日

この世で
もっとも強い人間は、
孤独の中で
ただ一人立つ人間だ。

——ヘンリック・イプセン（劇作家）

トロルの舌

HENRIK IBSEN

Birth 1828.3/20〜1906.5/23

3月21日

Quotes of March 21

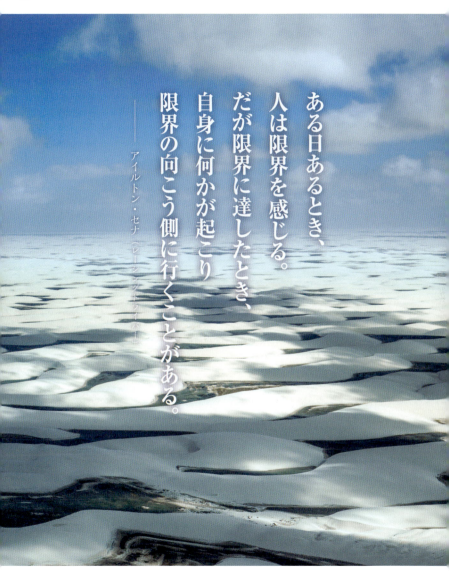

ある日あるとき、人は限界を感じる。
だが限界に達したとき、自身に何かが起こり限界の向こう側に行くことがある。

——アイルトン・セナ（レーシングドライバー）

レンソイス・マラニャンセス国立公園

AYRTON SENNA
Birth 1960.3/21-1994.5/1

3月22日

Quotes of March 22

March

集団の真ん中にいたら、絶対にダメだ。どうせなら、ビリを走れ。時代の風が逆から吹いたら、自分がトップに立てる。

——大橋巨泉（タレント）

KYOSEN OHASHI
Birth 1934.3/22-2016.7/12

ジルト島

3月23日

これでもか、これでもかと頑張って、一歩踏み込んで、それでも粘ってもうひと頑張りして、もうダメだと思っても、ズカッと踏み込んで、そうしていると突き抜けるんだ。

―― 黒澤明（映画監督）

AKIRA KUROSAWA
Birth 1910.3/23 - 1998.9/6

3月24日

Quotes of March 24

今は小さな不名誉であっても、大きくなるに従ってその傷は大きくなる。大望を抱くなら、目先の功利に走るな。

―― 新井白石（政治家）

HAKUSEKI ARAI
Birth 1657.3/24 - 1725.6/29

3月25日

Quotes of March 25

> ユーモアのない一日は、極めて寂しい一日である。
>
> ——島崎藤村（作家）

カマルグ

TOSON SHIMAZAKI

Birth 1872.3/25 - 1943.8/22

Quotes of March 26

3月26日

涙を恥じることはありません。
その涙は
苦しむ勇気を持っていることの
証なのですから。

── ヴィクトール・フランクル（心理学者）

VIKTOR FRANKL
Birth 1905.3/26 - 1997.9/2

ニトラ

Quotes of March 27
3月27日

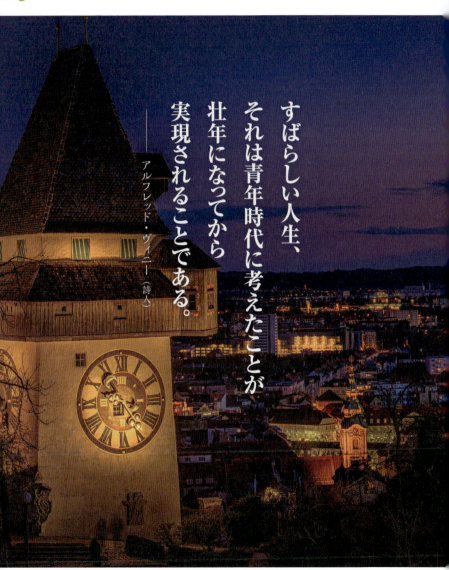

すばらしい人生、
それは青年時代に考えたことが
壮年になってから
実現されることである。

——アルフレッド・ヴィニー（詩人）

グラーツ

ALFRED VIGNY
Birth 1797.3/27 – 1863.9/17

Quotes of March 28

3月28日

信じるのだ。
こんなちっぽけな人間でも
やろうとする意志さえあれば、
どんなことでも
やれるということを。

——マクシム・ゴーリキー（作家）

MAXIM GORKY
Birth 1868.3/28-1936.6/18

セドナ

3月29日

Quotes of March 29

成功を喜び、
失敗の中にユーモアを見出しなさい。
あまり真剣に考えてはいけない。
うまくいかないときには
衣装を着て
バカげた歌を歌いなさい。

——サム・ウォルトン（実業家）

ニューヨーク

SAM WALTON
Birth 1918.3/29-1992.4/5

3月30日

Quotes of March 30

99回倒されても、100回立ち上がればよい。

——フィンセント・ファン・ゴッホ（画家）

キューケンホフ公園

VINCENT VAN GOGH
Birth 1853.3/30 - 1890.7/29

3月31日

Quotes of March 31

一日一日を大切にしなさい。毎日のわずかな差が、人生にとって大きな差となって現れるのですから。

—— ルネ・デカルト（哲学者）

RENE DESCARTES
Birth 1596.3/31-1650.2/11

4
月

April

Quotes of 365 days from the Great minds

Quotes of April 1

4月1日

過去を悔やみ、未来を案じるのもけっこうだが、今このときに「行動できる」ということを忘れてはいけない。

——アブラハム・マズロー(心理学者)

ヴァル・ドルチャ

ABRAHAM MASLOW
Birth 1908.4/1 - 1970.6/8

4月2日

Quotes of April 2

April

今日と
明日と
明後日のこと
ぐらいを
考えていれば
いいんだよ。

——忌野清志郎（ミュージシャン）

ナイアガラの滝

KIYOSHIRO IMAWANO
Birth 1951.4/2 - 2009.5/2

Quotes of April 3

4月3日

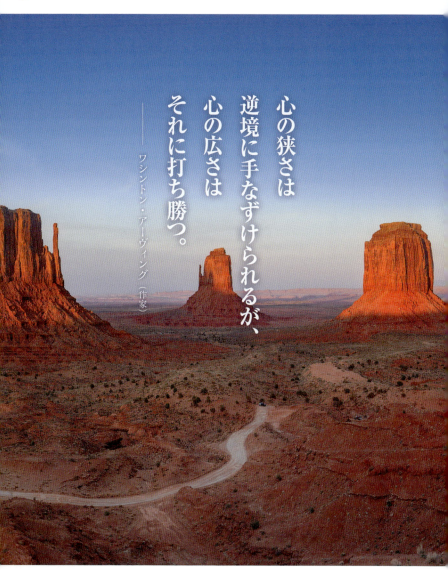

心の狭さは
逆境に手なずけられるが、
心の広さは
それに打ち勝つ。

—— ワシントン・アーヴィング（作家）

モニュメントバレー

WASHINGTON IRVING
Birth 1783.4/3 - 1859.11/28

4月4日

Quotes of April 4

人はだれでも負い目を持っている。それを克服しようとして進歩するものなのだ。

――山本五十六（軍人）

サンピエール橋

ISOROKU YAMAMOTO
Birth 1884.4/4 - 1943.4/18

Quotes of April 5

4月5日

他人の欠点を
笑ってばかりいるのは
臆病の証拠である。

——トマス・ホッブズ〔哲学者〕

リフィー川

THOMAS HOBBES
Birth 1588.4/5 - 1679.12/4

Quotes of April 6

4月6日

April

成功しないということは
感謝すべきだ。
少なくとも成功は遅く来るほどよい。
そのほうが君はもっと、
徹底的に自らを見出せるだろう。

―― ギュスターヴ・モロー（芸術家）

GUSTAVE MOREAU

Birth 1826.4/6 - 1898.4/18

ダブリン

Quotes of April 7

4月7日

間違いをした言い訳をするより、正しいことをひとつするほうが、時間はかからない。

——ウィリアム・ワーズワース（詩人）

ベン・バルベン

WILLIAM WORDSWORTH
Birth 1770.4/7 - 1850.4/23

4月8日

何度転んだって、
何度だってやり直せる。
「失敗」っていうのは、
転ぶことではなく、
そのまま起き上がらないこと。

――メアリー・ピックフォード（女優）

シカゴ

MARY PICKFORD
Birth 1892.4/8 - 1979.5/29

Quotes of April 9

4月9日

人間はもっと間が抜けたほうがいいね。

——佐藤春夫（詩人）

カンクン

HARUO SATO
Birth 1892.4/9 - 1964.5/6

4月10日

Quotes of April 10

April

人間は、
愛しているか、
愛されているか、
どっちかでないとつらいね。

——永六輔（作詞家）

ROKUSUKE EI
Birth 1933.4/10-2016.7/7

サントリーニ島

Quotes of April 11

4月11日

鍬(くわ)を持って耕しながら、夢を見る人になろう。

――井深大（実業家）

白米千枚田

MASARU IBUKA
Birth 1908.4/11-1997.12/19

Quotes of April 12

4月12日

April

強く、やさしく、美しく。

——福田敬子（柔道家）

KEIKO FUKUDA
Birth 1913.4/12-2013.2/9

国営ひたち海浜公園のネモフィラ畑

110

4月13日

Quotes of April 13

友情はぶどう酒である。
新しいうちは
口当たりが悪いが、
年月を経て醸成されると、
老いた者を元気づけ、若返らせる。

——トマス・ジェファーソン（政治家）

ラヴォーのブドウ畑

THOMAS JEFFERSON
Birth 1743.4/13 – 1826.7/4

Quotes of April 14

4月14日

April

どんなささやかな成功も、
他人の目には触れない
挫折や苦難の道を経ているもの。

—— アン・サリヴァン（教育者）

ゴブリンバレー

ANNE SULLIVAN

Birth 1866.4/14–1936.10/20

April / Quotes of April 15

4月15日

充実した一日が幸せな眠りをもたらすように、充実した一生は幸福な死をもたらす。

——レオナルド・ダ・ヴィンチ（芸術家）

コロッセオ

LEONARDO DA VINCI
Birth 1452.4/15 - 1519.5/2

4月16日

今正しいことも数年後、間違っていることがある。逆に今間違っていることも、数年後、正しいこともある。

―― ウィルバー・ライト（発明家）

WILBUR WRIGHT
Birth 1867.4/16 - 1912.5/30

ヨセミテ国立公園

4月17日

Quotes of April 17

大きな苦労をした時期が
あったおかげで、
前よりもよくわかった。
人生は何があろうとも、
いかに豊かで美しいものか。
そして普段気に病むことが、
いかにちっぽけなものか。

——カレン・ブリクセン（作家）

バーヌルル国立公園

KAREN BLIXEN
Birth 1885.4/17 - 1962.9/7

4月18日

勝っても「なあにっ」、負けても「なあにっ」、どっちへ転んでも「なあにっ」、どんなことにぶつかっても、これさえ忘れなければ、必ずやっていける。

五島慶太（実業家）

KEITA GOTO
Birth 1882.4/18-1959.8/14

4月19日

Quotes of April 19

一生は、たった一日の延長なり。

——木村次郎右衛門（男性世界最高齢記録保持者）

エッフェル塔

JIROEMON KIMURA

Birth 1897.4/19-2013.6/12

4月20日

Quotes of April 20

美徳が陰謀を打倒し、才能が偏見よりも強い力を持ち、栄光が自由に冠を授ける日がじきに来るだろう。

――ナポレオン3世（政治家）

ピレネー山頂

NAPOLEON III

Birth 1808.4/20 - 1873.1/9

Quotes of April 21

4月21日

冬がなければ、
春をそんなにも気持ちよく感じない。
私たちは、
時に逆境を味わわなければ、
幸福をそれほども喜ばなくなる。

——シャーロット・ブロンテ（作家）

マイルドセブンの丘

CHARLOTTE BRONTE

Birth 1816.4/21 - 1855.3/31

4月22日

Quotes of April 22

もっとも危険なことは、敗北よりもむしろ自分の敗北を認めるのを恐れることであり、その敗北から何も学ばないことである。

―― ウラジーミル・レーニン（政治家）

エトルタ

VLADIMIR LENIN
Birth 1870.4/22 - 1924.1/21

Quotes of April 23

4月23日

ただ存在しただけでなく、人生を生きた人物として記憶されたい。

— シャーリー・テンプル、女優

ヴィルフランシュ・シュル・メール

SHIRLEY TEMPLE

Birth 1928.4/23 - 2014.2/10

4月24日

> きみが思い悩み、迷ったことは
> 少しも気にすることはない。
> きみはそこで、
> 何かを掴んだはずだ。

―― 松本清（実業家）

KIYOSHI MATSUMOTO
Birth 1909.4/24 - 1973.5/21

函館

Quotes of April 25

4月25日

美しく敗れることを恥と思うな、無様に勝つことを恥と思え。

—— ヨハン・クライフ（プロサッカー選手）

キンデルダイク

JOHAN CRUIJFF
Birth 1947.4/25-2016.3/24

Quotes of April 26

4月26日

どうせ年をとるなら、陽気な笑いでこの顔にシワをつけたいものだ。

——ウィリアム・シェイクスピア 劇作家

パウエル湖

WILLIAM SHAKESPEARE
Birth 1564.4/26 - 1616.4/23

Quotes of April 27

4月27日

勇気と力だけがあっても、慎重さを欠いていたら、それは無に等しいということを忘れないでいてほしい。

——エドワード・ウィンパー（冒険家）

ニューキー

EDWARD WHYMPER

Birth 1840.4/27-1911.9/16

Quotes of April 28

4月28日

行動する前から
叩かれてしまうこともあります。
それでも行動するのが
本当の勇気です。

——ハーパー・リー（小説家）

テキサスのブルーボネット畑

HARPER LEE
Birth 1926.4/28-2016.2/19

Quotes of April 29
4月29日

人生において大切なのは、
引くときのタイミングであり、
切るときのタイミング。
そして攻めるときは思い切って、
人目をかまわず
攻めなければならないはず。

——仰木彬（プロ野球選手）

サンディエゴのラナンキュラス畑

AKIRA OGI
Birth 1935.4/29-2005.12/15

4月30日

Quotes of April 30

April

他人が自分より優れていたとしても、それは恥ではない。しかし、去年の自分より今年の自分が優れていないのは立派な恥だ。

——ジョン・ラボック（考古学者）

キエフの聖ニコラス大聖堂

JOHN LUBBOCK

Birth 1834.4/30~1913.5/28

5

月

May

Quotes of 365 days from the Great minds

Quotes of May 1

5月1日

May

未来は、次の世代に希望を与える人たちのものである。

——テイヤール・ド・シャルダン［哲学者］

TEILHARD DE CHARDIN

Birth 1881.5/1 - 1955.4/10

国営ひたち海浜公園のコキア畑

Quotes of May 2

5月2日

愛とは、人間という謎に満ちた独特の存在が、不思議に融け合っていくこと。

——ノヴァーリス／小説家

ノンハン湖

NOVALIS

Birth 1772.5/2 - 1801.3/25

Quotes of May 3

5月3日

May

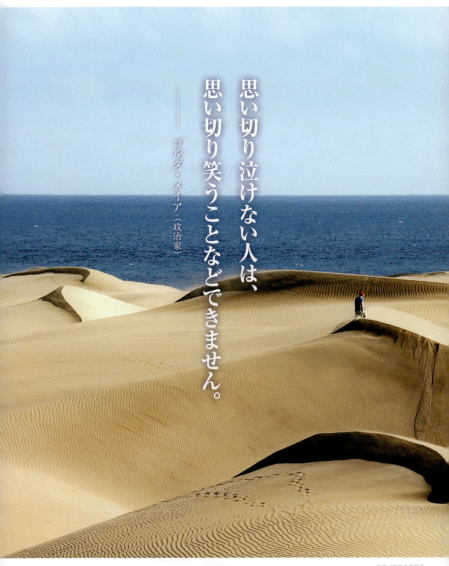

思い切り泣けない人は、思い切り笑うことなどできません。

——ゴルダ・メイア（政治家）

マスパロマスの砂丘

GOLDA MEIR
Birth 1898.5/3 - 1978.12/8

Quotes of May 4

5月4日

そんなにたいそうなことは、この世の中にひとつもない。たいがい笑ってごまかせることだ。

——森繁久彌（俳優）

秩父高原のポピー畑

HISAYA MORISHIGE
Birth 1913.5/4-2009.11/10

Quotes of May 5

5月5日

自分自身を愛することを忘れるな。

—— セーレン・キェルケゴール（哲学者）

ミハス

SOREN KIERKEGAARD

Birth 1813.5/5 – 1855.11/11

5月6日

Quotes of May 6

May

衝動があるところに、自分を置いてあげなさい。

――ジークムント・フロイト（哲学者）

聖ヨヴァン・カネオ教会

SIGMUND FREUD
Birth 1856.5/6 - 1939.9/23

Quotes of May 7

5月7日

人間の歴史は、虐げられた者の勝利を忍耐強く待っている。

——ラビンドラナート・タゴール（詩人）

カッチ湿原

RABINDRANATH TAGORE
Birth 1861.5/7-1941.8/7

Quotes of May 8

5月8日

風や波は、つねに優秀な航海者に味方する。

——エドワード・ギボン（歴史家）

パラカス国立自然保護区

EDWARD GIBBON
Birth 1737.5/8-1794.1/16

Quotes of May 9

5月9日

人生は、一杯のお茶のようなものだ。勢い込んで飲んでいけば、それだけ早く茶碗の底が見えるというものである。

——ジェームス・マシュー・バリー（劇作家）

JAMES MATTHEW BARRIE
Birth 1860.5/9 - 1937.6/19

キャメロンハイランド

May / Quotes of May 10

5月10日

年齢なんて関係ないんだ。
たとえ99歳でも
子どもでいることはできる。

—— シド・ヴィシャス（ミュージシャン）

リカンカブール山

SID VICIOUS
Birth 1957.5/10 - 1979.2/2

139

Quotes of May 11

5月11日

完璧を恐れるな。
完璧になんてなれっこないんだから。

——サルバドール・ダリ 芸術家

SALVADOR DALI
Birth 1904.5/11-1989.1/23

ストックホルム

Quotes of May 12

5月12日

正しいか間違っているかなんて
どうだっていいこと。
重要なのは、
逃げ出さないことだけ。

——キャサリン・ヘプバーン（女優）

マンハッタン橋

KATHARINE HEPBURN
Birth 1907.5/12 - 2003.6/29

5月13日

Quotes of May 13

May

だれもが天国に行くことを望んでいるが、死にたがるものはいない。

――ジョー・ルイス（プロボクサー）

プライア・ダ・ロシャ

JOE LOUIS

Birth 1914.5/13-1981.4/12

May / Quotes of May 14

5月14日

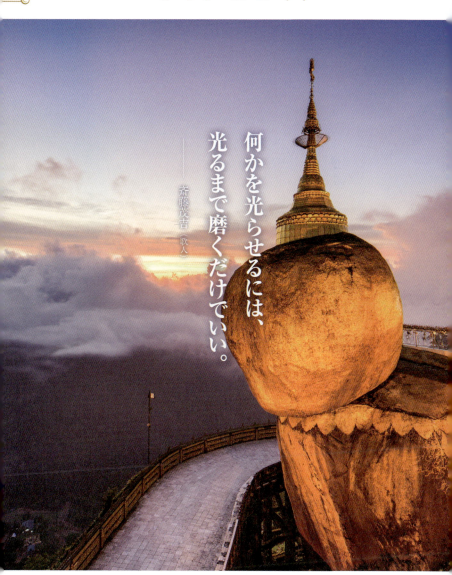

何かを光らせるには、光るまで磨くだけでいい。

―― 斎藤茂吉（歌人）

チャイティーヨー・パゴダ

MOKICHI SAITO

Birth 1882.5/14 - 1953.2/25

143

Quotes of May 15

5月15日

チャンスというものは、準備を終えた者にだけ微笑んでくれるのです。

——ピエール・キュリー（物理学者）

サンクトペテルブルク

PIERRE CURIE

Birth 1859.5/15 - 1906.4/19

5月16日

運命が明日、
何を決定するかを問うな。
「瞬間」こそわれわれのものだ。
さあ、「瞬間」を
味わおうではないか。

― フリードリヒ・リュッケルト（詩人）

ゴールデンゲートブリッジ

FRIEDRICH RUCKERT
Birth 1788.5/16-1866.1/31

Quotes of May 17

5月17日

知らないのは恥ではない、知ろうとしないのが恥である。
——澤柳政太郎（教育家）

MASATARO SAWAYANAGI
Birth 1865.5/17-1927.12/24

フローニンゲン

Quotes of May 18

5月18日

愛を恐れることは
人生を恐れること。
そして、人生を恐れることは、
ほとんどの部分が
死んでいることと同じだ。

——バートランド・ラッセル（哲学者）

フェアバンクス

BERTRAND RUSSELL

Birth 1872.5/18 - 1970.2/2

Quotes of May 19

5月19日

もしきみを
批判する者がいないなら、
きみはおそらく
成功しないだろう。

——マルコム・X（宗教家）

MALCOLM X
Birth 1925.5/19-1965.2/21

オレゴンのビスタハウス

148

5月20日

Quotes of May 20

「自分こそ正しい」という考えが、あらゆる進歩の過程でもっとも頑固な障害となる。これほどばかげていて根拠のない考えはない。

—— ジョン・スチュアート・ミル(哲学者)

キリマンジャロ

JOHN STUART MILL
Birth 1806.5/20 - 1873.5/8

Quotes of May 21

5月21日

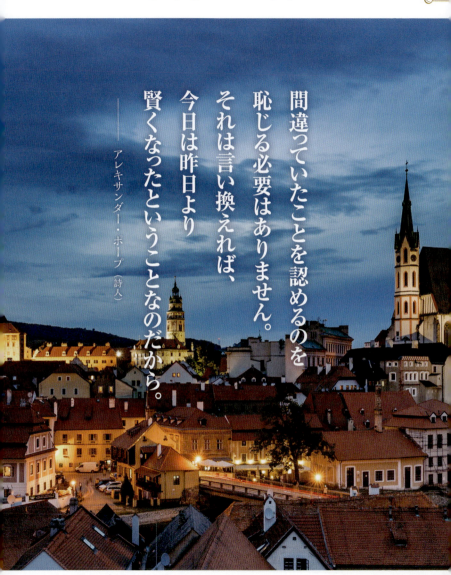

間違っていたことを認めるのを
恥じる必要はありません。
それは言い換えれば、
今日は昨日より
賢くなったということなのだから。

――アレキサンダー・ポープ（詩人）

ALEXANDER POPE
Birth 1688.5/21-1744.5/30

チェスキー・クルムロフ

May / Quotes of May 22

5月22日

喜びとは、何かの内側にあるのではなく、私たちの内側にある。

――リヒャルト・ワーグナー（音楽家）

ゴールド

RICHARD WAGNER
Birth 1813.5/22 – 1883.2/13

Quotes of May 23

5月23日

人生そのものが試行錯誤の過程である。

——アルフレッド・スローン（実業家）

ALFRED SLOAN
Birth 1875.5/23 - 1966.2/17

マウンガヌイ山

Quotes of May 24

5月24日

信念のない人生は空虚であり、実にみじめなものだ。

——結城豊太郎（実業家）

ナヴァイオビーチ

TOYOTARO YUKI
Birth 1877.5/24 - 1951.8/1

Quotes of May 25

May

5月25日

絶えずあなたを
何者かに変えようとする
世界の中で、
自分らしくあり続けること。
それがもっとも
すばらしい偉業である。

―― ラルフ・ワルド・エマーソン（哲学者）

RALPH WALDO EMERSON

Birth 1803.5/25 - 1882.4/27

エルブルス山

154

Quotes of May 26

5月26日

明日とは
人生でもっとも大切なものなんだ。
夜中にきれいな状態で訪れる。
そのときは完璧な状態で、
われわれの手にゆだねられ、
昨日から何かを学んだかと
願いながら。

——ジョン・ウェイン（俳優）

ナミブ・ナウクルフト国立公園

JOHN WAYNE
Birth 1907.5/26-1979.6/11

5月27日

Quotes of May 27

May

とにかく
始めればいいのだ。
魔法のような始め方など
存在しないのだから。

—— アーノルド・ベネット（作家）

ENOCH BENNETT

Birth 1867.5/27-1931.5/27

シェルビーチ

May / Quotes of May 28

5月28日

冒険に決して
「いいえ」と言うな。
いつも「はい」と言いなさい。
そうでなければ
とても退屈な人生を送るだろう。

——イアン・フレミング（作家）

ジープ島

IAN FLEMING
Birth 1908.5/28-1964.8/12

5月29日

Quotes of May 29

> あなたの敵を許しなさい。
> だが、その名前は決して忘れるな。
>
> —— ジョン・F・ケネディ（政治家）

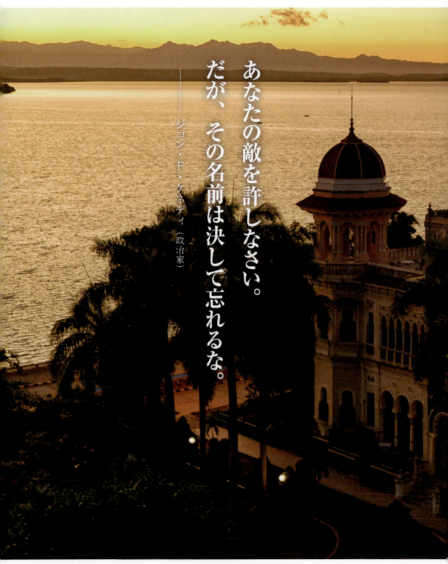

シエンフエーゴス

JOHN FITZGERALD KENNEDY
Birth 1917.5/29 - 1963.11/22

Quotes of May 30

5月30日

人生の成功とは、死ぬときに悔いが残らないこと。

——18代目中村勘三郎(歌舞伎役者)

ドブロブニク

KANZABURO NAKAMURA

Birth 1955.5/30-2012.12/5

Quotes of May 31

5月31日

寒さにふるえた者ほど、
太陽の暖かさを感じる。
人生の悩みをくぐった者ほど、
生命の尊さを知る。

——ウォルト・ホイットマン（詩人）

ツォモリリ湖

WALTER WHITMAN
Birth 1819.5/31-1892.3/26

6月

June

Quotes of 365 days from the Great minds

Quotes of June 1

6月1日

June

たとえ100人の専門家が、
「あなたには才能がない」と
言ったとしても、
その人たち全員が
間違っているかもしれない。

—— マリリン・モンロー（女優）

MARILYN MONROE

Birth 1926.6/1 - 1962.8/5

アクロポリス

Quotes of June 2

6月2日

幸福や不幸の大部分は自分自身にかかっており、まわりの環境にかかっているわけではない。

——マーサ・ワシントン

ベルリン

MARTHA WASHINGTON
Birth 1731.6/2 - 1802.5/22

Quotes of June 3

6月3日

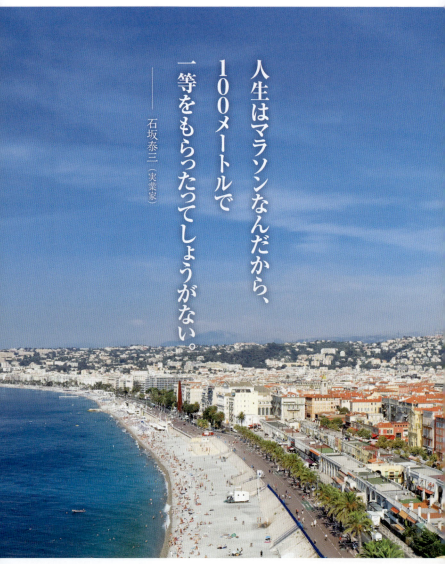

人生はマラソンなんだから、100メートルで一等をもらったってしょうがない。

——石坂泰三（実業家）

TAIZO ISHIZAKA
Birth 1886.6/3 - 1975.3/6

Quotes of June 4
6月4日

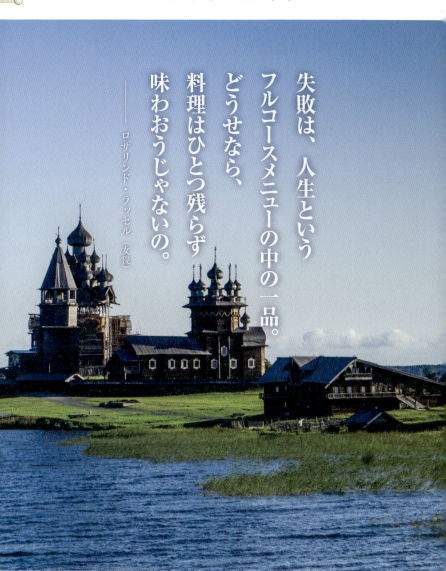

失敗は、人生という
フルコースメニューの中の一品。
どうせなら、
料理はひとつ残らず
味わおうじゃないの。

―― ロザリンド・ラッセル（女優）

キジ島

ROSALIND RUSSELL
Birth 1907.6/4 - 1976.11/28

Quotes of June 5

6月5日

この世で一番難しいのは、新しい考えを受け入れることではなく、古い考えを忘れることだ。

——ジョン・メイナード・ケインズ（経済学者）

ノートルダム大聖堂

JOHN MAYNARD KEYNES
Birth 1883.6/5-1946.4/21

6月6日

Quotes of June 6

決定を焦ってはならない。一晩眠ればよい知恵が出るものだ。

――アレクサンドル・セルゲーヴィチ・プーシキン（作家）

エシクベルク

ALEXANDER SERGEEVICH PUSHKIN
Birth 1799.6/6 - 1837.2/10

Quotes of June 7

6月7日

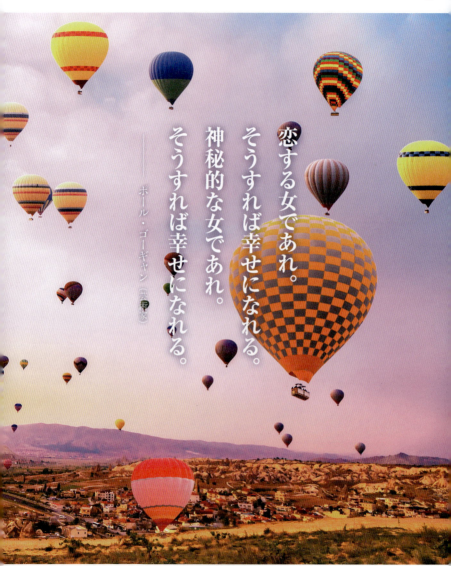

恋する女であれ。そうすれば幸せになれる。神秘的な女であれ。そうすれば幸せになれる。

―― ポール・ゴーギャン（画家）

カッパドキア

PAUL GAUGUIN
Birth 1848.6/7-1903.5/8

Quotes of June 8

6月8日

あなたが本当に
そうだと信じることは
つねに起こります。
そして、信念が
それを起こさせるのです。

フランク・ロイド・ライト〈建築家〉

サンパウロ

FRANK LLOYD WRIGHT
Birth 1867.6/8 - 1959.4/9

6月9日

Quotes of June 9

成功する秘訣は、今より少しだけ上を目指すこと。これを続けること。

―― レス・ポール（音楽家）

モンブラン

LES PAUL
Birth 1915.6/9-2009.8/13

6月10日

Quotes of June 10

はっきりした計画は、選択という苦痛から解放してくれる。

——ソール・ベロー（作家）

室戸岬

SAUL BELLOW
Birth 1915.6/10 - 2005.4/5

6月11日

Quotes of June 11

今日の失敗は、工夫を続けてさえいれば、必ず明日の成功に結びつく。

――豊田喜一郎（実業家）

KIICHIRO TOYODA
Birth 1894.6/11 - 1952.3/27

マルセイユ

6月12日

Quotes of June 12

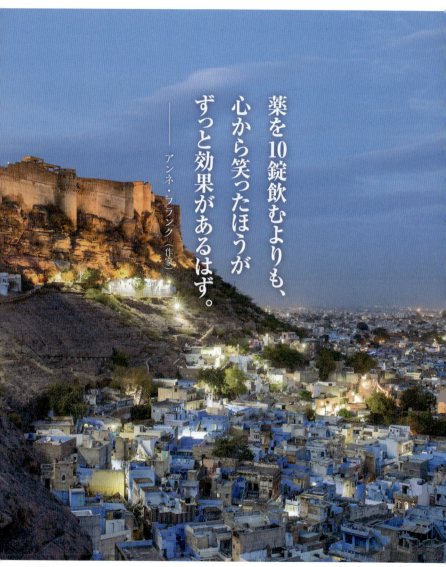

薬を10錠飲むよりも、心から笑ったほうがずっと効果があるはず。

——アンネ・フランク（作家）

ジョードプル

ANNELIES FRANK
Birth 1929.6/12 – 1945.3月頃

6月13日

どんな「ずるさ」や「ごまかし」をもっても、裏切りや不誠実な行為を隠しとおすことはできない。

——アウグスト・ロア・バストス（作家）

AUGUSTO ROA BASTOS
Birth 1917.6/13-2005.4/26

パンタナール

Quotes of June 14
6月14日

未来のために
今を耐えるのではなく、
未来のために
今を楽しく生きるのだ。

——チェ・ゲバラ 革命家

トゥズ湖

CHE GUEVARRA
Birth 1928.6/14 - 1967.10/9

6月15日

Quotes of June 15

若いときの友人もすばらしいが、老境に入ってからの友人は、なおすばらしい。老境に入れば、友人を持つことの深い意味がわかってくる。

——エドヴァルド・グリーグ（音楽家）

トロムソ

EDVARD GRIEG
Birth 1843.6/15 - 1907.9/4

June

Quotes of June 16

6月16日

愛とは、決して後悔しないこと。

――エリック・シーガル（作家）

アーチーズ国立公園

ERICH SEGAL

Birth 1937.6/16 - 2010.1/17

Quotes of June 17

6月17日

何かを創造するには、心を衝き動かす力が必要だ。心を衝き動かす力の中で愛に勝るものがあるだろうか？

——イーゴリ・ストラヴィンスキー（音楽家）

アルベロベッロ

IGOR STRAVINSKY
Birth 1882.6/17 - 1971.4/6

6月18日

Quotes of June 18

自分が正しいと思ったら最後まで、それを貫きとおす人間になってほしい。

——ブルーザー・ブロディ（プロレスラー）

レイキャヴィーク

BRUISER BRODY
Birth 1946.6/18 - 1988.7/17

Quotes of June 19

6月19日

時は悲しみと口論の傷を癒す。
人はみな変わる。
過去の自分は
もはや現在の自分ではない。
悩む者も悩ます者も、
時がたてば別人になる。

——ブレーズ・パスカル〔哲学者〕

BLAISE PASCAL
Birth 1623.6/19 - 1662.8/19

桂林

Quotes of June 20

6月20日

悪いことをしたら、
それを正さなければならない。
それなしには
安らぎを手に入れることは
できないから。

——リリアン・ヘルマン（劇作家）

ハロン湾

LILLIAN HELLMAN
Birth 1905.6/20-1984.6/30

Quotes of June 21

6月21日

生きることを学び直すのよ。
年齢なんて関係ないわ。
一生できることよ。

——フランソワーズ・サガン（作家）

FRANCOISE SAGAN
Birth 1935.6/21-2004.9/24

プシュカル

Quotes of June 22

6月22日

たいていの人々は、運命に過度の要求をすることによって、自ら不満の種をつくっている。

——ヴィルヘルム・フォン・フンボルト（言語学者）

オンフルール

WILHELM VON HUMBOLDT
Birth 1767.6/22 - 1835.4/8

Quotes of June 23

6月23日

June

必死に生きてこそ、その生涯は光を放つ。

——織田信長〔戦国大名〕

NOBUNAGA ODA

デリケート・アーチ

Birth 1534.6/23 – 1582.6/21

Quotes of June 24

6月24日

チャンピオンとは、立ち上がれないときに立ち上がる人間のことだ。

―― ジャック・デンプシー（プロボクサー）

イースター島

JACK DEMPSEY
Birth 1895.6/24-1983.5/31

Quotes of June 25

6月25日

創造的たろうとして、
脇道に逸れてはならない。
通常なされていることを観察し、
それをよりよくしようと
努力すればそれでよい。

——アントニ・ガウディ（建築家）

ANTONI GAUDI

Birth 1852.6/25 – 1926.6/10

グエル公園

Quotes of June 26

6月26日

不可能なことがはっきりしない限り、どんなことでも可能なのです。そして、不可能であるとはっきりしている場合も、現段階で不可能であるに過ぎません。

——パール・S・バック（作家）

フェニックス

PEARL S BUCK
Birth 1892.6/26 - 1973.3/6

Quotes of June 27

6月27日

世の中は
つらいことでいっぱいですが、
それに打ち勝つことも
満ち溢れています。

―― ヘレン・ケラー（教育者）

ロカ岬

HELEN KELLER
Birth 1880.6/27-1968.6/1

Quotes of June 28

6月28日

生きるとは呼吸することではない。行動することだ。

——ジャン・ジャック・ルソー（哲学者）

エディンバラ

JEAN JACQUES ROUSSEAU

Birth 1712.6/28-1778.7/2

6月29日

Quotes of June 29

完璧がついに達成されるのは、何も加えるものがなくなったときではなく、何も削るものがなくなったときである。

——サン・テグジュペリ（作家）

SAINT EXUPERY
Birth 1900.6/29-1944.7/31

ガロンヌ川

Quotes of June 30

6月30日

行き詰まるのは
重荷を背負っているからではないわ。
背負い方がいけないだけなの。

——レナ・ホーン（歌手）

プナカイキ

Lena Horne
Birth 1917.6/30-2010.5/9

7

月

July

Quotes of 365 days from the Great minds

Quotes of July 1

7月1日

一度愛すると決めたなら
それを貫き、
運よく愛されたなら
その人を守りぬきなさい。

——ダイアナ・スペンサー（皇太子妃）

愛のトンネル

DIANA SPENCER
Birth 1961.7/1 - 1997.8/31

7月2日

Quotes of July 2

きみの内には、
きみに必要なすべてがある。
太陽もある。
星もある。
月もある。
きみの求める光は、
きみ自身の内にあるのだ。

——ヘルマン・ヘッセ（作家）

HERMANN HESSE

Birth 1877.7/2 - 1962.8/9

アルゴンキン州立公園

Quotes of July 3

7月3日

青春が幸福なのは、美しいものを見る能力を備えているためです。その能力を保っていれば、人は決して老いぬものです。

―― フランツ・カフカ〔作家〕

シヨン城

FRANZ KAFKA
Birth 1883.7/3 - 1924.6/3

Quotes of July 4

7月4日

それぞれの個人には、この世でやるべき仕事がある。その仕事を見つけられるかどうかが生涯においてもっとも重要なことだ。

── ナサニエル・ホーソーン（作家）

NATHANIEL HAWTHORNE
Birth 1804.7/4 - 1864.5/19

ケーブルビーチ

Quotes of July 5

7月5日

生き方の基準は、正しいか正しくないかではなく、美しいか否かである。

―― ジャン・コクトー（詩人）

トラーニ

JEAN COCTEAU

Birth 1889.7/5 - 1963.10/11

Quotes of July 6

7月6日

どんなに哀しい涙でも、
いつかは乾くときが来る。

——— ミヤコ蝶々〔漫才師〕

MIYAKO CHOCHO
Birth 1920.7/6-2000.10/12

ムルマンスク

Quotes of July 7

7月7日

人生には
たったひとつだけ、
芸術のパレットと同じように
意味を与えてくれる色がある。
それは愛という色だ。

――マルク・シャガール（芸術家）

聖ワシリイ大聖堂

MARC CHAGALL
Birth 1887.7/7 – 1985.3/28

Quotes of July 8

7月8日

成功の秘訣は、あたりまえのことを特別上手にすることだ。

——ジョン・ロックフェラー（実業家）

JOHN ROCKEFELLER
Birth 1839.7/8-1937.5/23

グレート・オーシャン・ロード

Quotes of July 9

7月9日

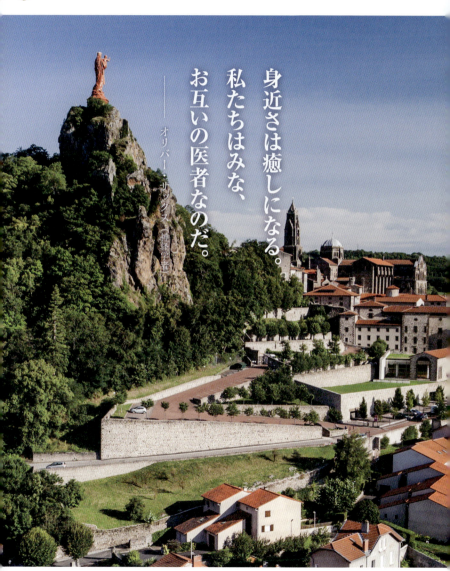

身近さは癒しになる。
私たちはみな、
お互いの医者なのだ。

——オリバー・サックス［神経学者］

ル・ピュイ・アン・ヴレ

OLIVER SACKS
Birth 1933.7/9-2015.8/30

Quotes of July 10

7月10日

July

発見の旅とは、
新しい景色を探すことではない。
新しい目で見ることなのだ。

——マルセル・プルースト（作家）

プロヴァンスのラベンダー畑

MARCEL PROUST

Birth 1871.7/10 - 1922.11/18

7月11日

Quotes of July 11

根気と忍耐には魔法の力がある。それらの前では、困難も障害も存立し得ぬであろう。

——ジョン・クインシー・アダムズ（政治家）

モエラキ・ボルダー

JOHN QUINCY ADAMS
Birth 1767.7/11–1848.2/23

Quotes of July 12

7月12日

友人のために
私がしてあげられる一番のこと、
それは、
ただ友人でいてあげること。

——ヘンリー・デイヴィッド・ソロー（作家）

HENRY DAVID THOREAU
Birth 1817.7/12-1862.5/6

スプリット・アップル・ロック

7月13日

Quotes of July 13

素直に話すこと、たとえ難しくても。

——アルミ・ラティア（実業家）

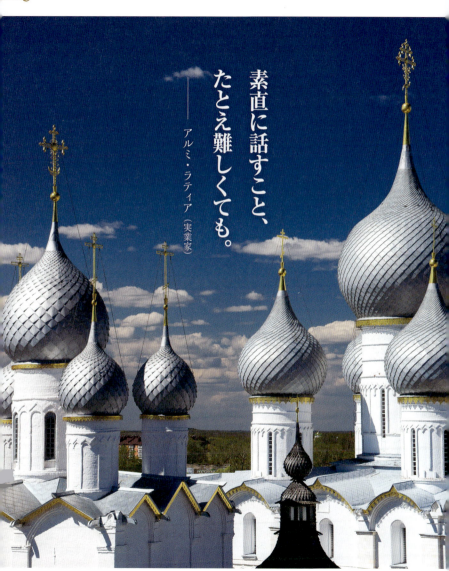

ロストフのクレムリン

Armi Ratia
Birth 1912.7/13 - 1979.10/3

Quotes of July 14

7月14日

老年は山登りに似ている。
登れば登るほど息切れするが
視野はますます広くなる。

——イングマール・ベルイマン［映画監督］

INGMAR BERGMAN
Birth 1918.7/14 - 2007.7/30

コッパーマウンテン

Quotes of July 15

7月15日

夜の中を歩みとおすときに助けになるものは、橋でも翼でもなくて、友の足音だ。

——ヴァルター・ベンヤミン（哲学者）

ゴビ砂漠

WALTER BENJAMIN
Birth 1892.7/15 - 1940.9/26

Quotes of July 16

7月16日

もしきみが
偉大な才能を持っているのなら、
勤勉がそれに
磨きをかけてくれるだろう。
もしきみが
普通の才能しか持っていないのなら、
勤勉がその不足を
補ってくれるだろう。

——ジョシュア・レノルズ（芸術家）

JOSHUA REYNOLDS

Birth 1723.7/16 - 1792.2/23

グアナファト

Quotes of July 17

7月17日

人間、こころに深い傷を負うことがある。そういうときは、新しく生まれ変わるチャンス。

――丹波哲郎（俳優）

マナローラ

TETSURO TANBA
Birth 1922.7/17–2006.9/24

7月18日

勇者とは
怖れを知らない人間ではなく、
怖れを克服する
人間のことなのだ。

——ネルソン・マンデラ（政治家）

NELSON MANDELA
Birth 1918.7/18-2013.12/5

Quotes of July 19

7月19日

人生は、
何の邪魔者もなく歩めるような、
まっすぐな廊下ではない。
迷路で、袋小路につきあたることもある。
しかし、信念があれば、
必ずや道は開ける。
思っていた道ではないかもしれないが、
やがてはよかったとわかる道が。

—— A・J・クローニン（作家）

ヒリアー湖

A. J. CRONIN
Birth 1896.7/19 - 1981.1/6

7月20日

Quotes of July 20

人生困苦の味を知らない人は
本当に幸福である。
そして、不幸である。

—— 白瀬矗〔探検家〕

NOBU SHIRASE

Birth 1861.7/20 - 1946.9/4

ジョシュア・ツリー国立公園

Quotes of July 21

7月21日

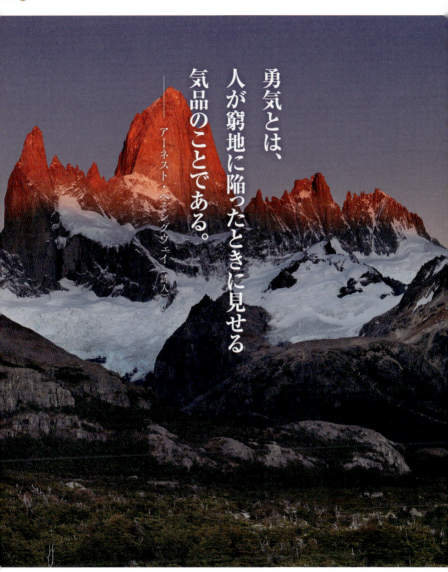

勇気とは、人が窮地に陥ったときに見せる気品のことである。

―― アーネスト・ヘミングウェイ（詩人）

フィッツロイ

ERNEST HEMINGWAY
Birth 1899.7/21-1961.7/2

Quotes of July 22

7月22日

子どもを理解することは、
大人自身が
自分をいかに理解するか。
子どもを愛するとは、
自分自身をいかに愛せるか。
人はだれしも
大きな子どもだから。

—— ヤヌシュ・コルチャック　作家

ホワイトヘブンビーチ

JANUSZ KORCZAK

Birth 1878.7/22 - 1942.8/6

Quotes of July 23

7月23日

われわれは勝利する。
勝利を確信している。
善が悪に打ち勝つのを。

——ハイレ・セラシエ１世（政治家）

HAILE SELASSIE I
Birth 1892.7/23 - 1975.8/27

Quotes of July 24

7月24日

もっとも偉大で、
もっとも強く、
もっとも巧みな人とは、
待つことを知っている人です。

——アレクサンドル・デュマ・ペール(作家)

ALEXANDRE DUMAS

Birth 1802.7/24 - 1870.12/5

ル・モーン・ブラバン

Quotes of July 25

7月25日

情熱は世界を動かす。

―― アーサー・バルフォア〈政治家〉

チヴィタ・ディ・バーニョレージョ

ARTHUR BALFOUR
Birth 1848.7/25 - 1930.3/19

Quotes of July 26

7月26日

いつも自分をきれいに明るく
磨いておくように。
あなたは自分という窓をとおして
世界を見るのだから。

―― ジョージ・バーナード・ショー（劇作家）

GEORGE BERNARD SHAW

Birth 1856.7/26~1950.11/2

フォギー湖

7月27日

Quotes of July 27

孤独の寂しさが人間の心を静かに燃やしてくれる。

―― 前田夕暮（歌人）

シークリフビーチ

YUGURE MAEDA

Birth 1883.7/27-1951.4/20

Quotes of July 28

7月28日

検討しましょう、ではだめなのよ。やり始めなければ、だめなの。

——ジャクリーン・ケネディ（ファーストレディ）

ポルト・サント・ステーファノ

JACQUELINE KENNEDY
Birth 1929.7/28 - 1994.5/19

7月29日

Quotes of July 29

羊として100年生きるくらいなら、ライオンとして一日だけ生きるほうがよい。

——ベニート・ムッソリーニ（政治家）

ザンジバル島

BENITO MUSSOLINI
Birth 1883.7/29-1945.4/28

Quotes of July 30

7月30日

学び続ける人は、
たとえ80才でも若いと言える。
逆に、学ぶことをやめた人は
20才でも年老いている。
人生でもっともすばらしいことは、
心をいつまでも
若く保つということだ。

—— ヘンリー・フォード　実業家

アンダルシアのヒマワリ畑

HENRY FORD

Birth 1863.7/30 - 1947.4/7

7月31日

Quotes of July 31

> 青年よ、大志を抱け！
> —— ウィリアム・スミス・クラーク（教育者）

セーシェル諸島

WILLIAM SMITH CLARK
Birth 1826.7/31 - 1886.3/9

8
月

August

Quotes of 365 days from the Great minds

8月1日

Quotes of August 1

鳥が空を飛ぶのは羽があるからではなく、飛びたいと思ったから羽ができたのだ。

——ジャン・バティスト・ラマルク（博物学者）

ロドデンドロンパーク

JEAN BAPTISTE LAMARCK
Birth 1744.8/1-1829.12/28

8月2日
Quotes of August 2
August

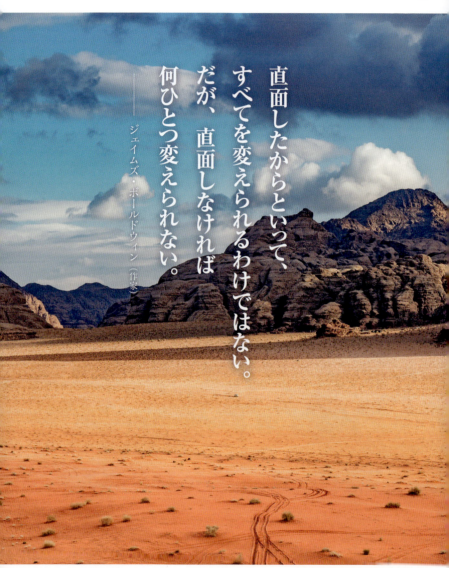

直面したからといって、すべてを変えられるわけではない。だが、直面しなければ何ひとつ変えられない。

——ジェイムズ・ボールドウィン（作家）

ワディ・ラム

JAMES BALDWIN
Birth 1924.8/2 - 1987.11/30

8月3日

Quotes of August 3

志を立てるのに、遅すぎるということはない。

——スタンリー・ボールドウィン（政治家）

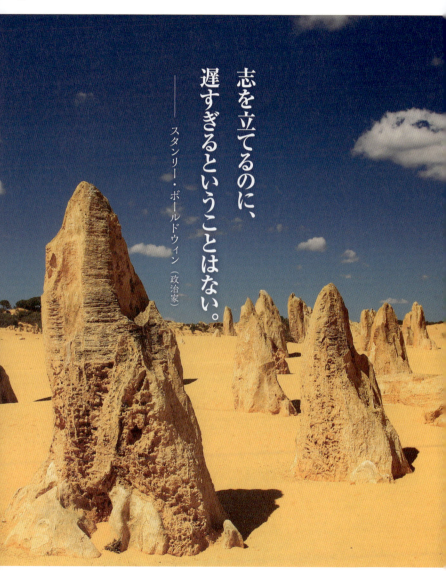

STANLEY BALDWIN
Birth 1867.8/3 - 1947.12/14

Quotes of August 4
8月4日

途中で諦めてはいけない。
諦めてしまったら、
得るものより失うもののほうが
ずっと多くなってしまうから。

——ルイ・アームストロング（ミュージシャン）

LOUIS ARMSTRONG
Birth 1901.8/4 - 1971.7/6

Quotes of August 5

8月5日

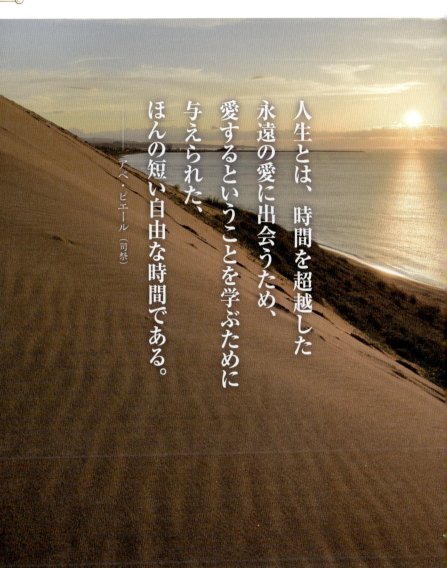

人生とは、時間を超越した永遠の愛に出会うため、愛するということを学ぶために与えられた、ほんの短い自由な時間である。

——アベ・ピエール（司祭）

鳥取砂丘

ABBE PIERRE
Birth 1912.8/5-2007.1/22

Quotes of August 6

8月6日

一度も愛したことがないよりは
愛して失ったほうが
どれほどましなことか。

——アルフレッド・テニスン（詩人）

ケファロニア島

ALFRED TENNYSON
Birth 1809.8/6 – 1892.10/6

230

Quotes of August 7

8月7日

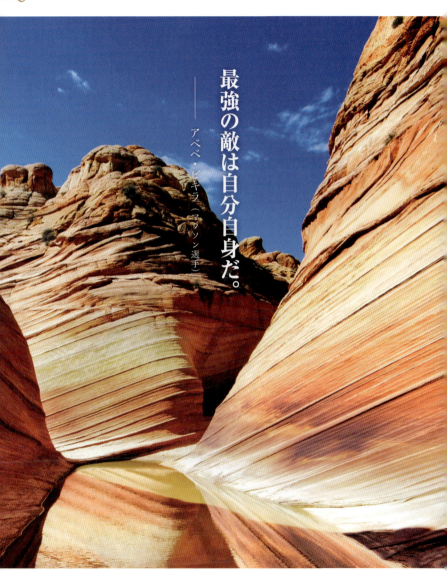

最強の敵は自分自身だ。

―― アベベ・ビキラ（マラソン選手）

ザ・ウェーブ

ABEBE BIKILA

Birth 1932.8/7 - 1973.10/25

Quotes of August 8

8月8日

逃したチャンスは忘れて、やってくるチャンスを精一杯活かせばいい。

——サラ・ティーズデール（詩人）

SARA TEASDALE

Birth 1884.8/8 - 1933.1/29

スカイ島

8月9日
Quotes of August 9

とにかく、始めることが行動の原動力であり、始めさえすれば、それだけで行動の半分を達成したことになると思う。

―― ホイットニー・ヒューストン

WHITNEY HOUSTON
Birth 1963.8/9-2012.2/11

Quotes of August 10
8月10日

過ぎ去ったことは決して気にかけるな。目の前はつねに困難だらけだ。振り返って過ぎ去った困難まで省みる必要はない。

—— ハーバート・フーヴァー（政治家）

HERBERT HOOVER
Birth 1874.8/10 - 1964.10/20

8月11日

Quotes of August 11

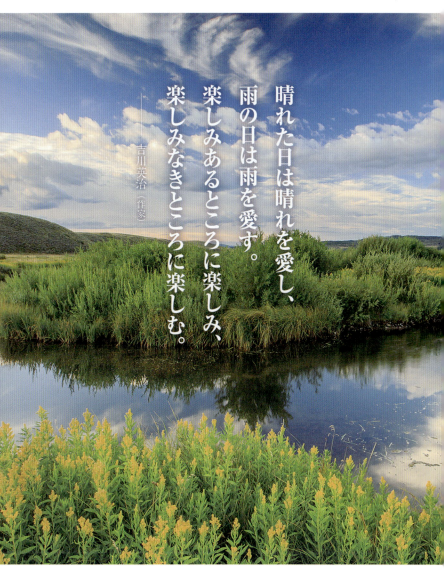

晴れた日は晴れを愛し、
雨の日は雨を愛す。
楽しみあるところに楽しみ、
楽しみなきところに楽しむ。

——吉川英治（作家）

ストロベリー川

EIJI YOSHIKAWA
Birth 1892.8/11 - 1962.9/7

Quotes of August 12

8月12日

August

自分の中に光を持っているのに、
「私はダメかもしれない」ってね。
それはせっかく懐中電灯を持ちながら
眼をつぶって歩くようなものです。
尊いものを持っているのに、
そのありがたさに気づかない。
贅沢ですよ。

——淡谷のり子（ミュージシャン）

ロッキー湖

NORIKO AWAYA

Birth 1907.8/12 - 1999.9/22

Quotes of August 13

8月13日

笑うことができる限り、人はまだ貧乏ではない。

——アルフレッド・ヒッチコック（映画監督）

ドレスデン

ALFRED HITCHCOCK

Birth 1899.8/13 - 1980.4/29

Quotes of August 14

8月14日

August

ハングリーでいこう。

——アーネスト・トンプソン・シートン（博物学者）

ERNEST THOMPSON SETON
Birth 1860.8/14 - 1946.10/23

コルシカ島

8月15日

Quotes of August 15

強い人が勝つとは限らない。
すばらしい人が勝つとも限らない。
私はできる、と
考えている人が結局は勝つのだ。

——ナポレオン・ボナパルト（政治家）

ラグナ・コロラダ

NAPOLEON BONAPARTE
Birth 1769.8/15 - 1821.5/5

Quotes of August 16

8月16日

ゆうゆうと、焦らずに歩む者にとって長すぎる道はない。
辛抱強く、準備する者にとって遠すぎる利益はない。

——ジャン・ド・ラ・ブリュイエール（詩人）

JEAN DE LA BRUYERE
Birth 1645.8/16-1696.5/11

Quotes of August 17

8月17日

人生はたった一度きり。
けれど、しっかりと生きたなら
一度で十分。

—— メイ・ウエスト（女優）

スコペロス島

MAE WEST

Birth 1893.8/17 - 1980.11/22

8月18日

Quotes of August 18

August

醜の中の美。
それが見えない目は、
何も発見できない。

——マルセル・カルネ（映画監督）

クレタ島

MARCEL CARNE
Birth 1906.8/18-1996.10/31

8月19日

実際にどう生きたかということは
たいした問題ではないのです。
大切なのは、
どんな人生を夢見たかということだけ。
なぜって、
夢はその人が死んだあとも
生き続けるのですから。

—— ココ・シャネル（ファッションデザイナー）

COCO CHANEL
Birth 1883.8/19-1971.1/10

Quotes of August 20

8月20日

August

愛の第一の義務は、耳を傾けることである。

パウル・ティリッヒ（神学者）

御射鹿池

PAUL TILLICH
Birth 1886.8/20 - 1965.10/22

Quotes of August 21

8月21日

人は何でも変えられる。世界中の何でもだ。

ジョー・ストラマー（ミュージシャン）

グレイシャーベイ国立公園

JOE STRUMMER
Birth 1952.8/21 - 2002.12/22

8月22日

Quotes of August 22

老後の1時間、一日というものは
実に大事だ。
その大事な一日を
「ああ、いいことをしたな」と
思って暮らすかどうかが、
人生の幸不幸の決まるところだ。

—— 出光佐三（実業家）

SAZO IDEMITSU
Birth 1885.8/22-1981.3/7

アムリトサル

Quotes of August 23

8月23日

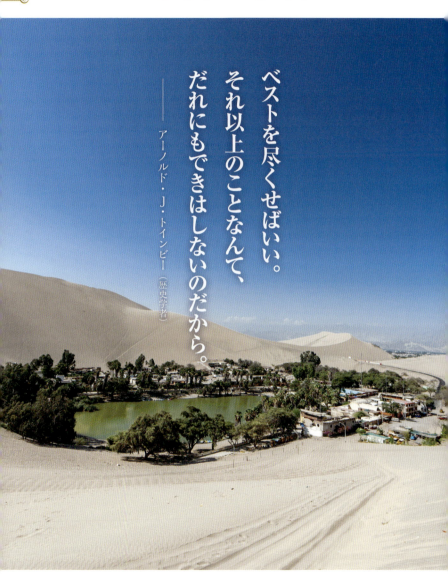

ベストを尽くせばいい。
それ以上のことなんて、
だれにもできはしないのだから。

—— アーノルド・J・トインビー（歴史学者）

ワカチナ

ARNOLD JOSEPH TOYNBEE
Birth 1889.4/14 - 1975.10/22

Quotes of August.24

8月24日

August

大丈夫、きみの波が来る。

――デューク・カハナモク（サーファー）

DUKE KAHANAMOKU
Birth 1890.8/24 - 1968.1/22

ラニカイビーチ

8月25日

Quotes of August 25

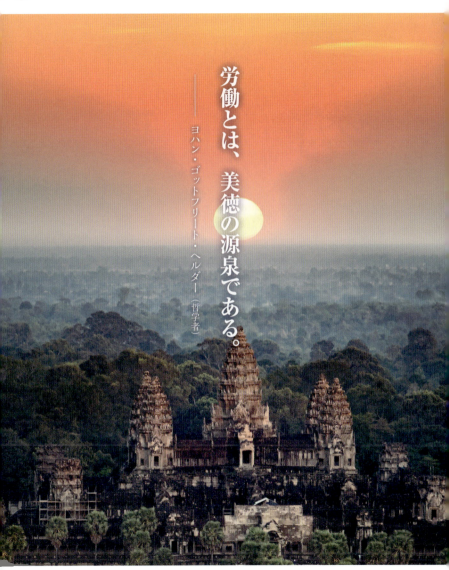

労働とは、美徳の源泉である。

——ヨハン・ゴットフリート・ヘルダー（哲学者）

アンコール・ワット

JOHANN GOTTFRIED HERDER
Birth 1744.8/25 - 1803.12/18

Quotes of August 26

8月26日

大切なのは、
どれだけたくさんのことを
したかではなく、
どれだけ心を込めたかです。

——マザー・テレサ（修道女）

MOTHER TERESA
Birth 1910.8/26 - 1997.9/5

マダガスカルのバオバブの木

Quotes of August 27

8月27日

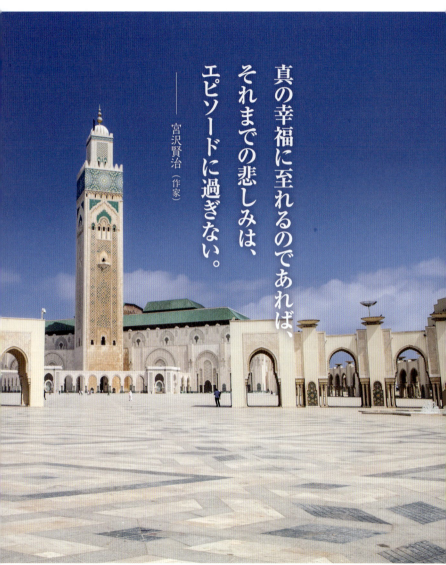

真の幸福に至れるのであれば、それまでの悲しみは、エピソードに過ぎない。

——宮沢賢治（作家）

カサブランカ

KENJI MIYAZAWA
Birth 1896.8/27-1933.9/21

8月28日

Quotes of August 28

August

人生で一番楽しい瞬間は、
だれにもわからない
二人だけの言葉で、
だれにもわからない
二人だけの秘密や楽しみを
ともに語り合っているときである。

——ヨハン・ヴォルフガング・フォン・ゲーテ（詩人）

ピンクサンドビーチ

JOHANN WOLFGANG VON GOETHE

Birth 1749.8/28 - 1832.3/22

8月29日

Quotes of August 29

幸せと不幸の違いっていうのは、その人が人生を楽しんで見ているか、敵意を抱いて見ているかの違いでしかない。

——モーリス・メーテルリンク（作家）

MAURICE MAETERLINCK
Birth 1862.8/29-1949.5/6

8月30日

Quotes of August 30

August

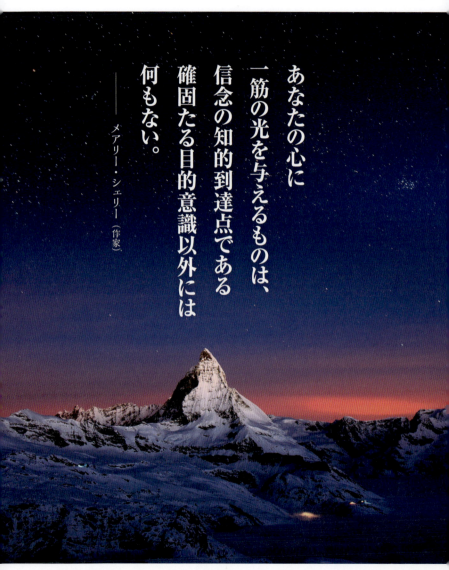

あなたの心に
一筋の光を与えるものは、
信念の知的到達点である
確固たる目的意識以外には
何もない。
——メアリー・シェリー（作家）

MARY SHELLEY
Birth 1797.8/30-1851.2/1

マッターホルン

August / Quotes of August 31

8月31日

この世に生きるというのは
いわば演劇なのだ。
帳簿をつけるのとはわけが違う。
自分というものに
忠実に生きようとすれば、
何回も下稽古を
積まなくてはならない。

——ウィリアム・サローヤン〈作家〉

トラカイ城

WILLIAM SAROYAN
Birth 1908.8/31-1981.5/18

9
月

September

Quotes of 365 days from the Great minds

Quotes of September 1
9月1日

いかに苦しいことがあっても、
ヤケになるのは短慮の極みである。
逆境にある人は
つねに「もう少しだ」と言って
進むといい。
やがて、必ず前途に光がさしてくる。

―― 新渡戸稲造（教育者）

INAZO NITOBE
Birth 1862.9/1 - 1933.10/15

9月2日

Quotes of September 2

変化することの意味を経験した者は、新たな変化にも、大きな苦痛なしに再び適応できる。

——アンドルー・グローブ（実業家）

ANDREW GROVE
Birth 1936.9/2-2016.3/21

サンドウィッチ・ハーバー

9月3日

Quotes of September 3

一人で見る夢は、
それは夢に過ぎない。
しかし、みんなで見る夢は、
現実となる。

——エドゥアルド・ガレアーノ（ジャーナリスト）

モルディブ

EDUARDO GALEANO
Birth 1940.9/3-2015.4/13

Quotes of September 4

9月4日

人間が幸せな夢を追うときに犯す大きな過ちは、人間の生来から備わっている「死」という弱点を忘れてしまうことである。

——フランソワ・ルネ・ド・シャトーブリアン〈作家〉

スコータイ

FRANCOIS RENE DE CHATEAUBRIAND
Birth 1768.9/4–1848.7/4

Quotes of September 5

9月5日

今日なんかクソくらえ。
明日が勝負さ。

――フレディ・マーキュリー（ミュージシャン）

ウィットレイ・ベイ

FREDDIE MERCURY
Birth 1946.9/5 – 1991.11/24

9月6日

生きるということには、
つらいことや苦しいことが
いろいろあります。
でも、それが
生きている証なんです。

――黒柳朝(作家)

CHO KUROYANAGI
Birth 1910.9/6 - 2006.8/16

9月7日

Quotes of September 7

耐えて、耐えて、耐えて、耐え抜きなさい。天才とは忍耐できる者のことなのです。

——ジョルジュ・ルイ・ルクレール・ド・ビュフォン（博物学者）

ロブチェン山

GEORGES LOUIS LECLERC DE BUFFON
Birth 1707.9/7−1788.4/16

Quotes of September 8

9月8日

あらゆる偉業は信念に始まり、信念によって第一歩を踏み出す。

——アウグスト・ヴィルヘルム・シュレーゲル（翻訳家）

ソコトラ島

AUGUST WILHELM SCHLEGEL
Birth 1767.9/8 - 1845.5/12

Quotes of September 9

9月9日

死への準備とは、
よい人生を送るということである。
よい人生ほど死への恐怖は少なく、
安らかな死を迎える。
崇高なる行いをやり抜いた人には、
もはや死はないのである。

——レフ・トルストイ（作家）

マサイマラ国立保護区

LEO TOLSTOY

Birth 1828.9/9 - 1910.11/20

Quotes of September 10

9月10日

つらいときほど、つねにファッションは大胆にね。

――エルザ・スキャパレリ（ファッションデザイナー）

ELISA SCHIAPARELLI
Birth 1890.9/10–1973.11/13

ブダペスト

9月11日

Quotes of September 11

人間にとって大切なのは、
この世に何年生きているか
ということではない。
この世でどれだけ
価値のあることをするかである。

―― オー・ヘンリー（作家）

ロンドン

O HENRY
Birth 1862.9/11-1910.6/5

Quotes of September 12

9月12日

快適な老後は、若い時代を有意義に過ごしたことの報酬である。

——モーリス・シュヴァリエ（俳優）

ヴァレッタ市街

MAURICE CHEVALIER
Birth 1888.9/12 - 1972.1/1

Quotes of September 13

9月13日

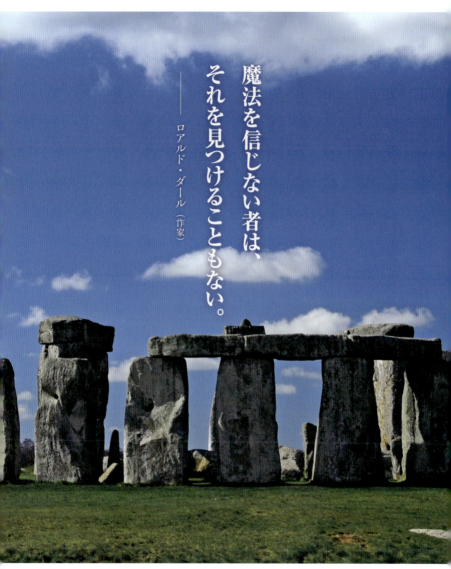

魔法を信じない者は、
それを見つけることもない。

——ロアルド・ダール（作家）

ストーンヘンジ

ROALD DAHL
Birth 1916.9/13 - 1990.11/23

9 月 14 日

Quotes of September 14

September

自分が最低だと
思っていればいいのよ。
一番劣ると思っていればいいの。
そしたらね、みんなの言っていることが
ちゃんと頭に入ってくる。
自分が偉いと思っていると、
他人は何も言ってくれない。

―― 赤塚不二夫（漫画家）

FUJIO AKATSUKA

Birth 1935.9/14 - 2008.8/2

タークス・カイコス諸島

September

Quotes of September 15

9月15日

世の中に、本当に心の底から悪い人はめったにいない。ただ、みんな、ちょっとおばかさんなだけなのよ。

——アガサ・クリスティ（作家）

ナポリ

AGATHA CHRISTIE
Birth 1890.9/15 - 1976.1/12

Quotes of September 16

9月16日

何をやるにも
絶対に必要なもの。
それは何をやるか選んで、
それを愛し、
夢中で取り組むことです。

——ナディア・ブーランジェ（音楽家）

マサダ

NADIA BOULANGER
Birth 1887.9/16 - 1979.10/22

9月17日

Quotes of September 17

失敗をする。
しかしそれが人生の一番の
ターニングポイントだと思う。

――塚本幸一（実業家）

KOUICHI TSUKAMOTO
Birth 1920.9/17 - 1998.6/10

Quotes of September 18

9月18日

大偉業を成し遂げさせるもの、それは耐久力である。元気いっぱいに一日3時間歩けば、7年後には地球を一周できる。

サミュエル・ジョンソン（詩人）

カラコルム山脈

SAMUEL JOHNSON
Birth 1709.9/18 - 1784.12/13

274

9月19日

Quotes of September 19

いつも上を向いて歩け。
顔を上に向けて歩け。

—— 澤田美喜（実業家）

ウーバーリー砂漠

MIKI SAWADA
Birth 1901.9/19 - 1980.5/12

9月20日

Quotes of September 20

September

人間たる者、自分への約束を破る者がもっともくだらぬ。

—— 吉田松陰（思想家）

SHOIN YOSHIDA
Birth 1830.9/20-1859.11/21

サン・テミリオン

9月21日

Quotes of September 21

昨日倒れたのなら、今日立ち上がればいい。

——ハーバート・ジョージ・ウェルズ（作家）

セレンゲティ国立公園

HERBERT GEORGE WELLS
Birth 1866.9/21 - 1946.8/13

9月22日

Quotes of September 22

「忙しい」と「疲れた」は、自慢にならん。
——吉田茂（政治家）

SHIGERU YOSHIDA
Birth 1878.9/22 - 1967.10/20

クイーン・エリザベス国立公園

9月23日

Quotes of September 23

愛は、愛する者同士が、お互いに愛するだけでなくて、多くのものを一緒に愛して、初めて持続するものです。

—— ウォルター・リップマン（ジャーナリスト）

シェイク・ザーイド・モスク

WALTER LIPPMANN
Birth 1889.9/23 - 1974.12/14

Quotes of September 24

9月24日

我々は
過去へ過去へと流される。
だから、
流れに逆らうボートのように
前へ前へと
進み続けなければいけない。

―― フランシス・スコット・フィッツジェラルド 作家

FRANCIS SCOTT FITZGERALD
Birth 1896.9/24 - 1940.12/21

Quotes of September 25

9月25日

思うに希望とは、もともとあるものとも言えぬし、ないものとも言えない。それは地上の道のようなものである。もともと地上には道はない。歩く人が多くなれば、それが道になるのだ。

——魯迅（作家）

カマルグ自然公園

LU XUN
Birth 1881.9/25-1936.10/19

Quotes of September 26

9月26日

September

始まりと呼ばれるものは
しばしば終末であり、
終止符を打つということは
新たな始まりでもある。
終着点は、出発点である。

—— T・S・エリオット〔詩人〕

T S ELIOT

Birth 1888.9/26 - 1965.1/4

クレーターレイク国立公園

September

Quotes of September 27

9月27日

おもしろき、
こともなき世を、
おもしろく。

——高杉晋作（政治家）

SHINSAKU TAKASUGI
Birth 1839.9/27 - 1867.5/17

Quotes of September 28

9月28日

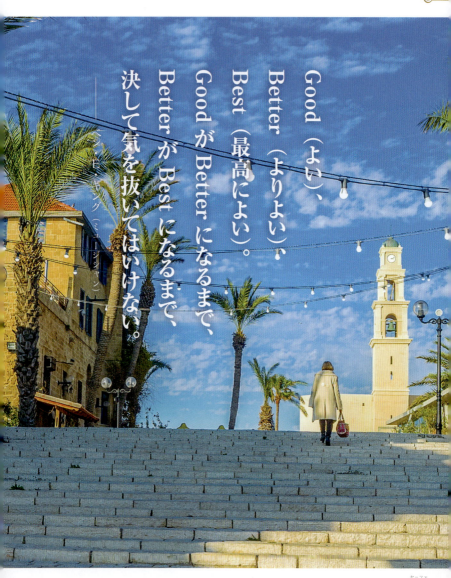

Good（よい）、Better（よりよい）、Best（最高によい）。
Good が Better になるまで、Better が Best になるまで、決して気を抜いてはいけない。

ベン・E・キング（ミュージシャン）

BEN E KING
Birth 1938.9/28-2015.4/30

ヤッファ

9月29日

Quotes of September 29

愛されないのは悲しい。
しかし、
愛することができないというのは
もっと悲しい。

—— ミゲル・デ・ウナムーノ・イ・フーゴ（哲学者）

ピリン国立公園

MIGUEL DE UNAMUNO Y JUGO
Birth 1864.9/29 - 1936.12/31

Quotes of September 30

9月30日

September

失敗は、成功を引き立たせるための調味料だ。

——トルーマン・カポーティ（小説家）

TRUMAN CAPOTE
Birth 1924.9/30-1984.8/25

スタリ・モスト

10
月

October

Quotes of 365 days from the Great minds

10月1日

Quotes of October 1

October

さあ！　世の中へ出て
ミステイクをやってきたまえ！
それでいいんだ。
きみ自身のミスでなければならない。
何でもいいのさ、
「これがきみだ」という何かをね。

―― ウラディミール・ホロヴィッツ（ピアニスト）

エグズーマ島

VLADIMIR HOROWITZ
Birth 1903.10/1 - 1989.11/5

October

Quotes of October 2

10月2日

弱い者ほど
相手を許すことができない。
許すということは、
強さの証だ。

——マハトマ・ガンディー〔宗教家〕

フラワーリング・デザート

MAHATMA GANDHI

Birth 1869.10/2 - 1948.1/30

Quotes of October 3

10月3日

October

すべてのことを忘れて
陶酔するのが恋人同士だが、
すべてのことを知って
悦び合うのが友人同士である。

——ピエール・ボナール(芸術家)

PIERRE BONNARD
Birth 1867.10/3-1947.1/23

October / Quotes of October 4

10月4日

悲観的な人は、ただの傍観者で終わる。世界を変えるのは楽観主義者である。

——フランソワ・ピエール・ギヨーム・ギゾー（政治家）

ケベックシティ

FRANCOIS PIERRE GUILLAUME GUIZOT
Birth 1787.10/4 - 1874.9/12

Quotes of October 5

10月5日

希望とは、精神の持ち方、心の働きである。

——ヴァーツラフ・ハヴェル（政治家）

ポートキャンベル国立公園

VACLAV HAVEL
Birth 1936.10/5–2011.12/18

October / Quotes of October 6

10月6日

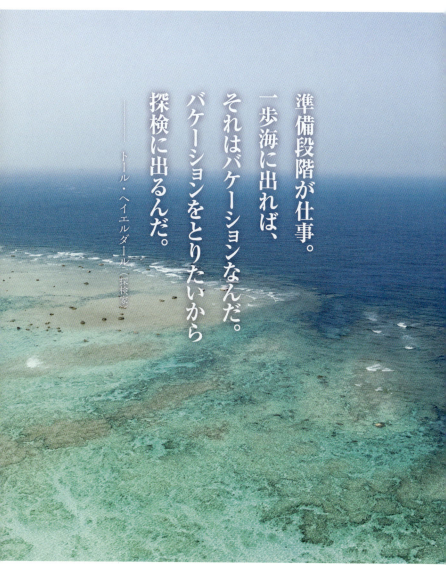

準備段階が仕事。一歩海に出れば、それはバケーションなんだ。バケーションをとりたいから探検に出るんだ。

——トール・ヘイエルダール（探検家）

THOR HEYERDAHL
Birth 1914.10/6‐2002.4/18

10月7日

Quotes of October 7

October

愛は幸運の財布である。
与えれば与えるほど中身が増す。

——ヴィルヘルム・ミュラー[詩人]

ブルス広場

WILHELM MULLER

Birth 1794.10/7 - 1827.10/1

10月8日

Quotes of October 8

他人から吸収することで学んでばかりいると、自分からは積極的に物事を考えなくなる。

池田菊苗　化学者

ミコノス島

Kikunae Ikeda
Birth 1864.10/8 - 1936.5/3

Quotes of October 9

10月9日

October

好きに生きたらいいんだよ。
だって、きみの人生なんだから。

——ジョン・レノン（ミュージシャン）

バールベック

JOHN LENNON
Birth 1940.10/9 - 1980.12/8

Quotes of October 10

10月10日

人生において、一番大切なことは自己を発見することである。そのためには、時には一人きりで静かに考える時間が必要だ。

——フリチョフ・ナンセン（探検家）

ウスチュルト台地

FRIDTJOF NANSEN
Birth 1861.10/10 - 1930.5/13

10月11日

Quotes of October 11

October

若くて美しいことは、自然のいたずらに過ぎません。でも、年をとっても美しいことは、芸術です。

—— エレノア・ルーズベルト（ファーストレディ）

ELEANOR ROOSEVELT
Birth 1884.10/11-1962.11/7

スルタンアフメト・モスク

10月12日

Quotes of October 12

世界とは、鏡のようなもの。
それを変えるには、
あなたを変えるしかない。

——アレイスター・クロウリー（作家）

ALEISTER CROWLEY
Birth 1875.10/12 – 1947.12/1

Quotes of October 13

10月13日

考えは言葉となり、
言葉は行動となり、
行動は習慣となり、
習慣は人格となり、
人格は運命となる。

——マーガレット・サッチャー（政治家）

トゥズバイル塩湖

MARGARET THATCHER
Birth 1925.10/13 - 2013.4/8

10月14日

Quotes of October 14

人生は、もっとよい世界を切り開こうとする場合に、初めて生き甲斐あるものとなる。

——ドワイト・D・アイゼンハワー（政治家）

グリーン川

DWIGHT D EISENHOWER
Birth 1890.10/14 - 1969.3/28

10 月 15 日

Quotes of October 15

October

一日一日を始める最良の方法は、目覚めの際に、今日は少なくとも一人の人間にひとつの喜びを与えることができないだろうかと考えることである。

——フリードリヒ・ニーチェ（哲学者）

ヴェルドン渓谷

FRIEDRICH NIETZSCHE

Birth 1844.10/15 - 1900.8/25

October / Quotes of October 16

10月16日

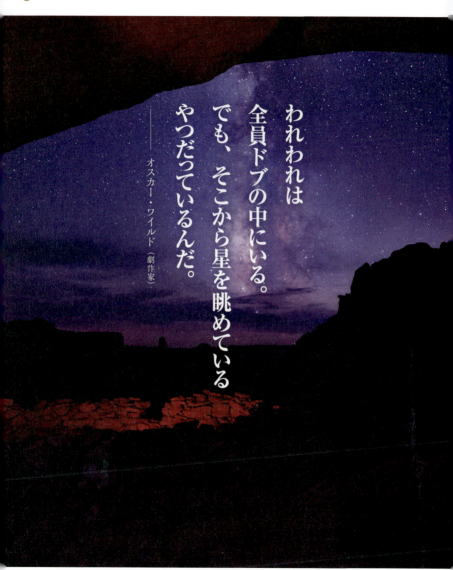

われわれは全員ドブの中にいる。でも、そこから星を眺めているやつだっているんだ。

——オスカー・ワイルド（劇作家）

キャニオンランズ国立公園

OSCAR WILDE
Birth 1854.10/16 - 1900.11/30

Quotes of October 17

10月17日

October

大多数の決定が、いつでも正しいとは限らない。

──ヨハネ・パウロ1世（ローマ法王）

知床の流氷

JOHN PAUL I

Birth 1912.10/17 - 1978.9/28

304

October / Quotes of October 18

10月18日

美しいのは、奪われることでも捨てることでもなく、失うことを気にしないことである。

——アンリ・ベルクソン（哲学者）

ヘッドライト灯台

HENRI BERGSON
Birth 1859.10/18 - 1941.1/4

Quotes of October 19

10月19日

ある程度の反対は、人にとって大きな助けとなる。凧は風と一緒に上がるのではなく風に向かって上がるのである。

——ルイス・マンフォード（ジャーナリスト）

LEWIS MUMFORD
Birth 1895.10/19–1990.1/26

10月20日

Quotes of October 20

私はまた、私の敵にも感謝しなければならない。彼らが私を失望させようとしたことが、かえってこの仕事をやりとおす力を私に与えたのである。

── ジョモ・ケニヤッタ（政治家）

日月潭

JOMO KENYATTA
Birth 1893.10/20〜1978.8/22

Quotes of October 21

10月21日

人生の幸せは、
ささいなことの積み重ねでできている。
小さな、すぐに忘れてしまうような、
あたたかいキス、微笑み、
優しいまなざし、心からのほめ言葉、
そして数えきれない、
ちょっとした楽しい考えや、
嬉しい気持ちといったものだ。

——サミュエル・テイラー・コールリッジ（詩人）

SAMUEL TAYLOR COLERIDGE
Birth 1772.10/21-1834.7/25

Quotes of October 22

10月22日

どんな美しい女も
年にはかなわない。
だからといって、
年齢どおりに老ける必要はない。
女は自分で考えて
決めた分だけ年をとればいい。

——サラ・ベルナール（女優）

SARAH BERNHARDT
Birth 1844.10/22 - 1923.3/26

10月23日

Quotes of October 23

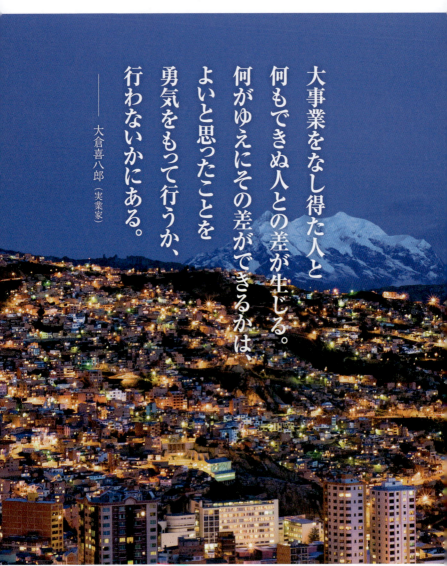

大事業をなし得た人と
何もできぬ人との差が生じる。
何がゆえにその差ができるかは、
よいと思ったことを
勇気をもって行うか、
行わないかにある。

―― 大倉喜八郎（実業家）

KIHACHIRO OKURA
Birth 1837.10/23 - 1928.4/22

10月24日

Quotes of October 24

才能の器は小さい、努力の器は大きい。

——宇津井健（俳優）

エルサレム

KEN UTSUI

Birth 1931.10/24 - 2014.3/14

Quotes of October 25

10月25日

できると思えばできる、
できないと思えばできない。
これは、ゆるぎない
絶対的な法則である。

—— パブロ・ピカソ（芸術家）

PABLO PICASSO
Birth 1881.10/25 - 1973.4/8

10月26日

Quotes of October 26

October

ことの善悪は、その人の決心ひとつで決まる。

小村寿太郎

KOMURA JUTARO
Birth 1855.10/26-1911.11/26

Quotes of October 27

10月27日

今いるところで、今持っているもので、あなたができることをやりなさい。

セオドア・ルーズベルト〔政治家〕

THEODORE ROOSEVELT
Birth 1858.10/27 – 1919.1/6

トレド

10月28日

Quotes of October 28

これからはおまえの道を行きなさい。

——徳川慶喜（江戸幕府15代将軍）

セブンマイルブリッジ

YOSHINOBU TOKUGAWA
Birth 1837.10/28 - 1913.11/22

Quotes of October 29

10月29日

愛する者は、愛される者より、愛の近くにいる。

——ジャン・ジロドゥ（劇作家）

JEAN GIRAUDOUX
Birth 1882.10/29 - 1944.1/31

October

Quotes of October 30

10月30日

非常に危険な状態とは、自分はわかっていると信じること。

——ポール・ヴァレリー（詩人）

ダナキル

PAUL VALERY

Birth 1871.10/30 - 1945.7/20

10月31日

Quotes of October 31

自身で経験するまでは、何事も本物ではない。多くの人が知っている「ことわざ」であっても同じことだ。

―― ジョン・キーツ（詩人）

マチュピチュ

JOHN KEATS
Birth 1795.10/31–1821.2/23

11
月

November

Quotes of 365 days from the Great minds

11月1日

Quotes of Novemver 1

November

一番大切なことは、決して諦めないことです。困難を前に運命だと諦め、自分にできることを何もしない。それが最悪の選択です。

――エドワード・サイード（文学研究者）

EDWARD SAID
Birth 1935.11/1-2003.9/25

Quotes of Novemver 2

11月2日

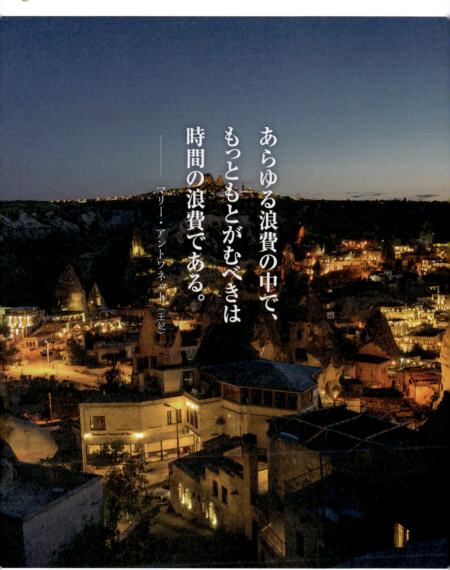

あらゆる浪費の中で、もっともとがむべきは時間の浪費である。

——マリー・アントワネット（王妃）

ギョレメ国立公園

MARIE ANTOINETTE
Birth 1755.11/2 - 1793.10/16

Quotes of Novemver 3

11月3日

November

人間の「善」が、
つねに「悪」よりも
先んじてほしいものです。

——手塚治虫（漫画家）

プラーイエス湖

OSAMU TEDUKA

Birth 1928.11/3 – 1989.2/9

322

11月4日

Quotes of Novemver 4

夢を追い続けること。決して、自分には無理だという答えを選んではダメよ。

——ドリス・ロバーツ（女優）

DORIS ROBERTS
Birth 1925.11/4 - 2016.4/17

Quotes of Novemver 5

11月5日

一つひとつの悲しみには意味がある。
どんな悲しみであろうと、それは、この上なく大切なもの。
太陽がいつも朝を連れてくるように、それは確かなことなのですよ。

——エラ・ウィーラー・ウィルコックス（詩人）

グレートソルト湖

ELLA WHEELER WILCOX
Birth 1850.11/5 - 1919.10/30

11月6日

Quotes of Novemver 6

本当に大切な人との出会いは、すべての過去をひっくり返す力を持っている。

――3代目桂米朝（落語家）

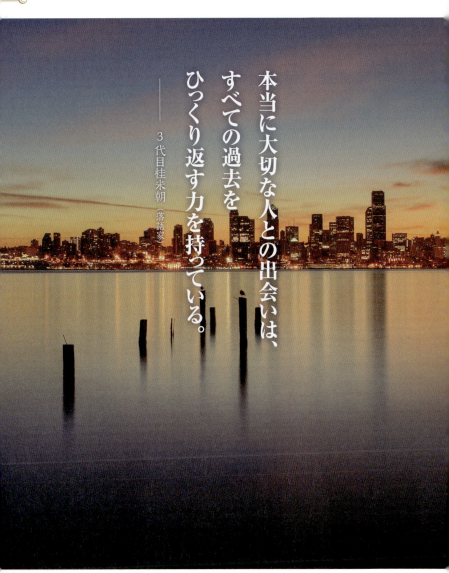

シアトル

BEICHO KATSURA

Birth 1925.11/6 - 2015.3/19

Quotes of Novemver 7

11月7日

すべては使い果たされたのか？
よろしい。
それなら、
これから生き始めよう。

——アルベール・カミュ（作家）

ALBERT CAMUS
Birth 1913.11/7 - 1960.1/4

11月8日

Quotes of Novemver 8

やがていつかは身も軽く、心楽しい朝が来よう。

――マーガレット・ミッチェル（作家）

ミズリーナ湖

MARGARET MITCHELL
Birth 1900.11/8 - 1949.8/16

11月9日

Quotes of Novemver 9

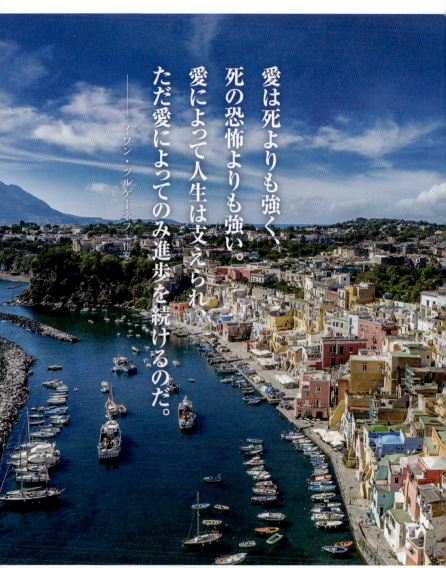

愛は死よりも強く、
死の恐怖よりも強い。
愛によって人生は支えられ、
ただ愛によってのみ進歩を続けるのだ。

——イワン・ツルゲーネフ（作家）

フローチダ島

IVAN TURGENEV
Birth 1818.11/9 - 1883.9/3

11月10日

Quotes of Novemver 10

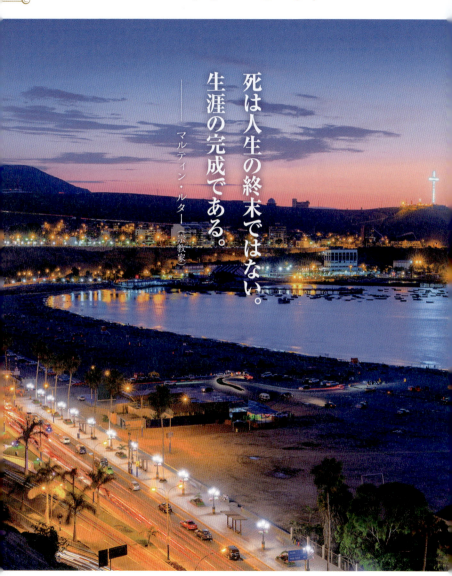

死は人生の終末ではない。
生涯の完成である。

——マルティン・ルター（宗教家）

リマ

Martin Luther
Birth 1483.11/10 - 1546.2/18

Quotes of Novemver 11

11月11日

楽園はわれわれ一人ひとりの内にあるのです。それは今、あなたの中にあるのです。

―― フョードル・ドストエフスキー（作家）

FEODOR DOSTOYEVSKY
Birth 1821.11/11 - 1881.2/9

11月12日

Quotes of Novemver 12

一度に全部のことを考えてはいかん。わかるかな? 次の一歩のことだけ、次の一息のことだけを考えるんだ。いつも次のことだけを。
——ミヒャエル・エンデ(作家)

グダニスク

MICHAEL ENDE
Birth 1929.11/12 - 1995.8/28

Quotes of Novemver 13

11月13日

希望に満ちて旅することは、
目的地にたどり着くことより
よいことである。

——ロバート・ルイス・スティーブンソン（作家）

レインガ岬灯台

ROBERT LOUIS STEVENSON
Birth 1850.11/13 - 1894.12/3

Quotes of Novemver 14

11月14日

戦いにおいては、
1人が1000人に
打ち勝つこともある。
しかし、
自己に打ち勝つ者こそ、
もっとも偉大な
勝利者である。

—— ジャワハルラール・ネルー（政治家）

JAWAHARLAL NEHRU

Birth 1889.11/14～1964.5/27

11月15日

Quotes of Novemver 15

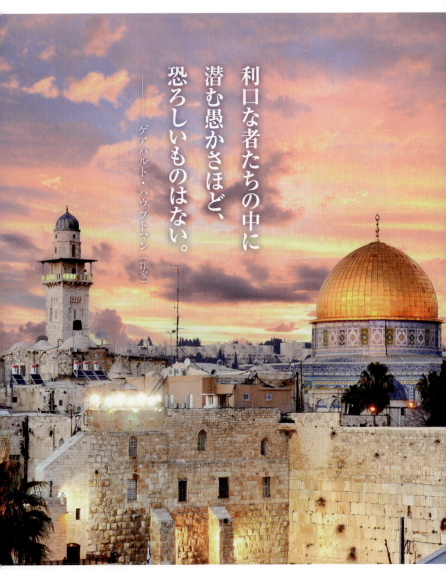

利口な者たちの中に潜む愚かさほど、恐ろしいものはない。

——ゲアハルト・ハウプトマン（作家）

岩のドーム

GERHART HAUPTMANN
Birth 1862.11/15 - 1946.6/6

11月16日

Quotes of Novemver 16

さあ、進むのだ。
きみが出逢う困難は、
前進すればおのずと
解決するだろう。
進め。そうすれば夜は開け、
きみの行く手に
光はますます明るく輝くだろう。

——ジャン・ル・ロン・ダランベール（哲学者）

JEAN LE ROND D'ALEMBERT
Birth 1717.11/16 – 1783.10/29

11月17日

Quotes of Novemver 17

November

困らなきゃだめです。人間というのは困ることだ。絶対絶命のときに出る力が本当の力なんだ。人間はやろうと思えば、たいていのことはできるんだから。

——本田宗一郎（実業家）

SOUICHIRO HONDA
Birth 1906.11/17-1991.8/5

11月18日

Quotes of Novemver 18

感謝の気持ちを表すことは、もっとも美しい礼儀作法である。

——ジャック・マリタン（哲学者）

マウナケア

JACQUES MARITAIN

Birth 1882.11/18 - 1973.4/28

11月19日

Quotes of Novemver 19

November

一日、数分間の努力の差が、勝利をもたらす。

―― ジェームズ・ガーフィールド（政治家）

ワーゼドム島

JAMES GARFIELD
Birth 1831.11/19 - 1881.9/19

11月20日

悲しみにしろ喜びにしろ、それに心を踊らせたことのない人は、決してまともな人間とはいえないだろう。

——セルマ・ラーゲルレーヴ（作家）

SELMA LAGERLOF
Birth 1858.11/20-1940.3/16

Quotes of Novemver 21

11月21日

November

人生が自分に配ったカードは
ただ受け入れるしかない。
しかし、手元に来たカードの
使い方を決め、勝機を掴むのは
自分自身である。

——ヴォルテール（哲学者）

マルボルク城

VOLTAIRE
Birth 1694.11/21 - 1778.5/30

11月22日

嘘で固めた自分で愛されるよりも、本当の自分で嫌われた方が気持ちがいいではないか。

アンドレ・ジッド（作家）

カレル橋

ANDRE GIDE
Birth 1869.11/22 - 1951.2/19

Quotes of Novemver 23

11月23日

人は悲しみを克服して初めて、幸福になることができます。したがってみなさんは、幸福を迎えるのと同じ気持ちで、悲しみも歓迎しなければなりません。

——サイババ（宗教家）

SAI BABA
Birth 1926.11/23-2011.4/24

11月24日

Quotes of November 24

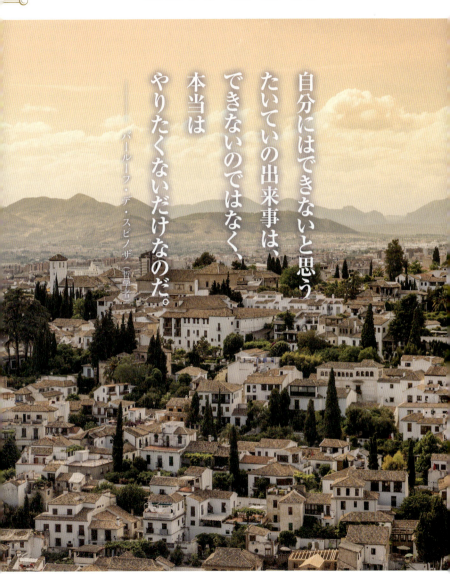

自分にはできないと思うたいていの出来事は、できないのではなく、本当はやりたくないだけなのだ。

——バールーフ・デ・スピノザ（哲学者）

グラナダ

BARUCH DE SPINOZA

Birth 1632.11/24 - 1677.2/21

Quotes of Novemver 25

11月25日

チャンスに出会わない人間は、一人もいない。それをチャンスにできなかっただけである。

—— アンドリュー・カーネギー（実業家）

ロングリーフビーチ

ANDREW CARNEGIE
Birth 1835.11/25 - 1919.8/11

Quotes of Novemver 26

11月 26日

よい種をまけば
必ずよい実がなる。
最善を尽くせば
必ず報いられる。

――樫尾忠雄（実業家）

TADAO KASHIO

Birth 1917.11/26 – 1993.3/4

Quotes of Novemver 27

11月27日

November

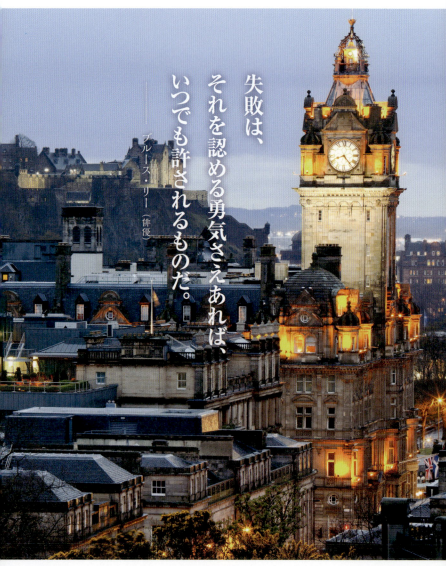

失敗は、それを認める勇気さえあれば、いつでも許されるものだ。

——ブルース・リー（俳優）

BRUCE LEE
Birth 1940.11/27-1973.7/20

エディンバラ

11月28日

Quotes of Novemver 28

生きることは、創造することだ。

── シュテファン・ツヴァイク（作家）

クスコ

STEFAN ZWEIG

Birth 1881.11/28 - 1942.2/22

Quotes of Novemver 29

11月29日

November

雲の向こう側は、いつも青空。

―― ルイーザ・メイ・オルコット（作家）

アルパイン湖

LOUISA MAY ALCOTT

Birth 1832.11/29 – 1888.3/6

348

11月30日

Quotes of Novemver 30

やむを得なければ
服装に無頓着だっていい。
しかし、いつでも
心はきちんとすべきだ。

マーク・トウェイン（作家）

MARK TWAIN
Birth 1835.11/30-1910.4/21

12月

December

Quotes of 365 days from the Great minds

12月1日

Quotes of December 1

一生懸命だと知恵が出る、中途半端だと愚痴が出る、いい加減だと言い訳が出る。

――武田信玄(戦国大名)

SHINGEN TAKEDA
Birth 1521.12/1 - 1573.5/13

Quotes of December 2

12月2日

December

決して妥協せず、自分に誠実であれ。

——ジャンニ・ヴェルサーチ（ファッションデザイナー）

セリャラントスフォス

GIANNI VERSACE
Birth 1946.12/2 - 1997.7/15

Quotes of December 3
12月3日

過ちを犯さないのは、何もしない者だけだ。

——ジョゼフ・コンラッド（作家）

JOSEPH CONRAD
Birth 1857.12/3 - 1924.8/3

Quotes of December 4
12月4日

自分よりも優れた人を
称賛できる心。
それが人間が持ちうる
もっともすばらしい心である。

——トマス・カーライル（歴史家）

THOMAS CARLYLE
Birth 1795.12/4 - 1881.2/5

エバーグレーズ国立公園

December

Quotes of December 5

12月5日

逆境の中で咲く花は、
どの花よりも貴重で美しい。

——ウォルト・ディズニー（実業家）

アイ・ペトリ山

WALT DISNEY
Birth 1901.12/5 - 1966.12/15

Quotes of December 6

12月6日

自分が何に向いていて、
何をすれば
周囲に認めてもらえるかを
一生懸命探していれば、
必ず仕事のチャンスは来るし、
そういう人のところに
運も巡ってくるんじゃないでしょうか。

—— 岩田聡（実業家）

SATORU IWATA
Birth 1959.12/6 - 2015.7/11

Quotes of December 7

12月7日

人間は何事にせよ、
自己に適した一能一芸に
深く達してさえ
おればよろしい。

——与謝野晶子（作家）

AKIKO YOSANO
Birth 1878.12/7 - 1942.5/29

Quotes of December 8

12月8日

多少の手違いなんか忘れろ。
失敗も忘れろ。
自分が今、これから
しようとしていること以外は
全部忘れて
やろうじゃないか。

——ウィリアム・C・デュラント〔実業家〕

パンゴン湖

WILLIAM C DURANT

Birth 1861.12/8-1947.3/18

12月9日

心というものは、それ自身、
ひとつの独自の世界なのだ。
地獄を天国に変え、
天国を地獄に
変えうるものなのだ。

——ジョン・ミルトン（詩人）

JOHN MILTON
Birth 1608.12/9 - 1674.11/8

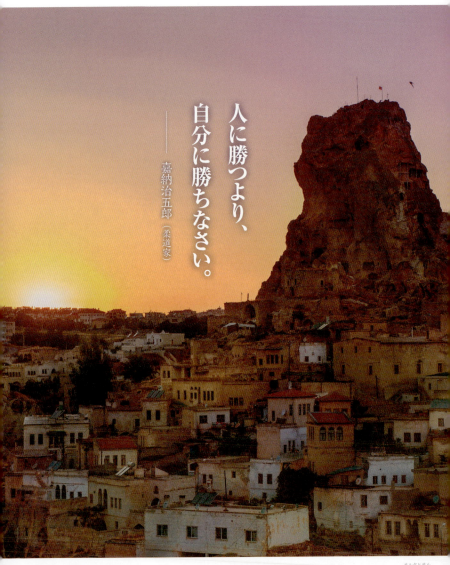

12月10日

Quotes of December 10

人に勝つより、自分に勝ちなさい。

——嘉納治五郎（柔道家）

JIGORO KANO
Birth 1860.12/10 - 1938.5/4

オルタヒサル

Quotes of December 11

12月11日

どんな挑戦にも
ひるまずに立ち向かい、
それを歓迎し、
必要なときに立ち上がれば、
人生は炎となり、
開花する。

―― バグワン・シュリ・ラジニーシ（宗教家）

エルタ・アレ火山

BHAGWAN SHREE RAJNEESH

Birth 1931.12/11-1990.1/19

Quotes of December 12

12 月 12 日

過去にとらわれてはいけない。そこから離れて、何かすばらしいことを始めてみよう。

——ロバート・ノイス（実業家）

ROBERT NOYCE
Birth 1927.12/12 - 1990.6/3

アンドラ

12月13日

Quotes of December 13

人間を照らす唯一のランプは
理性であり、
生の闇路を導く唯一の杖は
良心である。

——ハインリッヒ・ハイネ（詩人）

HEINRICH HEINE
Birth 1797.12/13 - 1856.2/17

12月14日

Quotes of December 14

無駄に見過ごさないよう、しなければいけない。山川草木、ひとつとして師とならないものはない。

——植芝盛平（武道家）

MORIHEI UESHIBA
Birth 1883.12/14 - 1969.4/26

Quotes of December 15

12月15日

道はおれが開いてやる、開けるだけ開いてやる、後の始末はしてくれよ、という考えでなければ、何事もできないよ。

田中正造（政治家）

ヨークシャー・デイルズ国立公園

SHOUZO TANAKA
Birth 1841.12/15-1913.9/4

12月16日

Quotes of December 16

報酬への期待を
行為のバネとする人々の
一人になるな。

――ルートヴィヒ・ヴァン・ベートーヴェン／音楽家

ローマ

LUDWIG VAN BEETHOVEN
Birth 1770.12/16 - 1827.3/26

12月17日

Quotes of December 17

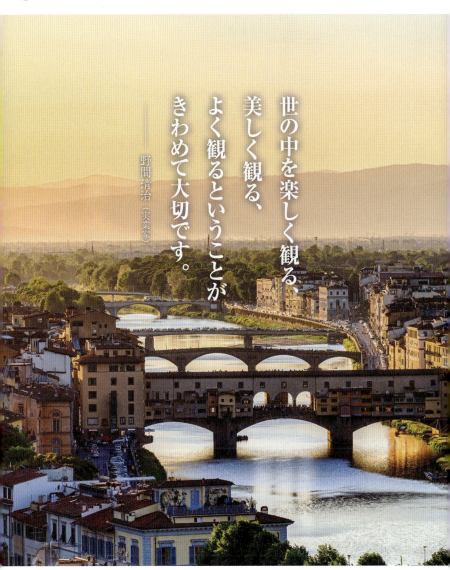

世の中を楽しく観る、美しく観る、よく観るということがきわめて大切です。

——野間清治（実業家）

ヴェッキオ橋

SEIJI NOMA

Birth 1878.12/17 - 1938.10/16

Quotes of December 18

12月18日

平和がすべてではないが、平和がなければ、すべては無である。

── ヴィリー・ブラント（政治家）

WILLY BRANDT
Birth 1913.12/18 - 1992.10/8

ホーエンツォレルン城

12月19日

Quotes of December 19

1週間のどの日より、月曜日の朝を喜んでいいと思うわ。だって、次の月曜日が来るまでまる1週間あるんだもの。

――エレナ・ホグマン・ポーター（作家）

ELEANOR HODGMAN PORTER
Birth 1868.12/19 - 1920.5/21

12月20日

感じ方や考え方を変えられることは、新しい知識を手に入れることより重要である。

——デヴィッド・ボーム〔物理学者〕

DAVID BOHM
Birth 1917.12/20 - 1992.10/27

12月21日

Quotes of December 21

道草がなければ、進歩はあり得ない。

——フランク・ザッパ（ミュージシャン）

スロバキアの原初的牧草地・放牧地帯

FRANK ZAPPA

Birth 1940.12/21 - 1993.12/4

Quotes of December 22

12月22日

きみが勝つ準備をしていなければ、どの試合も勝てない。

——コニー・マック（プロ野球選手）

ブルーラグーン

CONNIE MACK
Birth 1862.12/22-1956.2/8

12月23日

Quotes of December 23

1000回の憧れより、たった一度の挑戦のほうがずっと価値がある。

——サミュエル・スマイルズ（作家）

アイリーンドナーン城

SAMUEL SMILES
Birth 1812.12/23 - 1904.4/16

Quotes of December 24
12月24日

人生の本舞台は、つねに将来にある。

——尾崎行雄（政治家）

YUKIO OZAKI
Birth 1858.12/24 - 1954.10/6

12月25日

Quotes of December 25

どんなに偉くなったって世の中というのは、自分一人の力では生きられないようにできている。

——コンラッド・ヒルトン（実業家）

ブラックサンドビーチ

CONRAD HILTON
Birth 1887.12/25 - 1979.1/3

Quotes of December 26

12 月 26 日

December

過去にしがみついて
前進するのは、
鉄球のついた鎖をひきずって
歩くようなものだ。

—— ヘンリー・ミラー（作家）

HENRY MILLER

Birth 1891.12/26 - 1980.6/7

12月27日

Quotes of December 27

よろこびは
人生の要素であり、
人生の欲求であり、
人生の力であり、
人生の価値である。

——ヨハネス・ケプラー（天文学者）

ヘルゴラント島

JOHANNES KEPLER
Birth 1571.12/27 – 1630.11/15

Quotes of December 28
12月28日

いつの日にか敗れるような主張で勝つよりは、いつか必ず勝つような主張で敗れるほうがよい。

——ウッドロウ・ウィルソン（政治家）

WOODROW WILSON
Birth 1856.12/28-1924.2/3

ワルシャワ

12月29日

Quotes of December 29

人はよく絶望するという。
絶望とは何であるのか。
それは、あまりにすることが多すぎて、
どれから手をつけてよいか
わからなくて、
義務に責められることである。
これを脱するには、まず手近の
ひとつから
果たしていくがよい。

—— ウィリアム・グラッドストン／政治家

バチカン市街

WILLIAM GLADSTONE
Birth 1809.12/29 - 1898.5/19

Quotes of December 30

12月30日

われわれは、無限の可能性を秘めた章の1ページ目の1行目である。

——ジョセフ・ラドヤード・キップリング（作家）

JOSEPH RUDYARD KIPLING
Birth 1865.12/30 - 1936.1/18

ラジャスタン

12月31日

Quotes of December 31

December

今日という日は、残された人生の最初の一日である。

——ジョン・デンバー（ミュージシャン）

ウユニ塩湖

JOHN DENVER
Birth 1943.12/31-1997.10/12

All by shutterstock

July

Taiga/Chris Hill/canadastock/tomsoya/Marco Saracco/Shchipkova Elena/Reidl/Tero Hakala/Oscity/StevanZZ/
Fakrul Jamil/23pictures/Yury Dmitrienko/Pecold/Anton Petrus/SL-Photography/StevanZZ/Diriye Amey/
totajla/Checubus/Pichugin Dmitry/Gagliardilmages/HelloRF Zcool/Sapsiwai/Joost van Uffelen/
Sean Xu/Sean Foo Photography/StevanZZ/Aleksandar Todorovic/Arnd_Drifte/Tatiana Popova

August

mije_shots/JPRichard/totajla/Jakub Czajkowski/Sean Pavone/Adisa/ronnybas/Nataliya Hora/Kamira/
Grobler du Preez/Johnny Adolphson/Sean Xu/Spaceport9/DUSAN ZIDAR/Benedikt Saxler/Raywoo/
Jiri Vavricka/alexilena/Mohd Zaki Shamsudin/Yusei/mffoto/szefei/photosounds/segawa7/
Intarapong/Dennis van de Water/Vladislav T. Jirousek/Gabriele Maltinti/Kanokratnok/freedom100m/JuliusKielaitis

September

Felix Lipou/Marcin Sylwia Ciesielski/Andrey Armyagou/dangdumrong/Sara Winter/Songquan Deng/
Olga Ilinich/Anton_Ivanou/Clement Kiragu/INTERPIXELS/Circumnavigation/INTERPIXELS/
John Evans/Jo Ann Snover/S-F/vuvita/David M G/TripDeeDee Photo/Patrick Poendl/
Olivier Juneau/PHOTOCREO Michal Bednarek/Pecold/Elena Przhevalskaia/buttchi 3 Sha Life/
Zuzana Uhlikova/Chintla/Valentin Valkou/S-F/eFesenko/igor bortoluzzi

October

BlueOrange Studio/Ksenia Ragozina/Lena Serditova/Maridav/zhu difeng/tororo reaction/
Eo naya/EGUCHI NAOHIRO/JPRichard/Yerbolat Shadrakhou/OPIS Zagreb/Norikazu/photowind/
Kenneth Keifer/Samot/Kris Wiktor/zincreative/EastVillage Images/StevanZZ/HTU/Everything/Incredible Arctic/
javarman/Jakob Fischer/Guo Yu/vichie81/pisaphotography/Jakob Fischer/Matej Hudovernik/Jess Kraft

November

Lora Sutyagina/gumbao/Alliance/Ksenia Ragozina/Johnny Adolphson/Mike Peters/Bucchi Francesco/
littlewormy/S-F/Christian Vinces/leoks/Kwiatek7/thegiffary/Graham Braid/Sean Pavone/Krissanapong Wongsawarng/
Ake13bk/MarcelClemens/Tilo G/tasch/Artur Bogacki/Iakov Kalinin/Enrico01/Frank Fischbach/Yori Hirokawa/
yoko_ken_chan/vichie81/sharptoyou/Boris Stroujko/PhotoRoman

December

Frank Fischbach/CHENG YUAN/Jamen Percy/Nagel Photography/Sergii Votit/Ailisa/Ingrid Maasik/
Alex Tihonovs/Natchapon L./2xSamara.com/tateyama/Andrii Lutsyk/Yegor Larin/ian woolcock/albinoni/
SJ Travel Photo and Video/TTphoto/Jens Ottoson/Anna Omelchenko/kakoki/Jozef Klopacka/Rui Serra Maia/Javen/
Kersti Lindstrom/Andrey Bayda/Mirelle/Irina Fischer/Nikonenko Tatiana/S.Borisov/Byelikova Oksana/Olga Kot Photo

Cover:Vladitto

Photo

January

Serg Zastaukin/Anibal Trejo/Sergii Votit/Pikoso.kz/Daniel Rericha/S.R.Lee Photo Traveller/vvvita/Berzina/logoboom/
Leonard Zhukovsky/holbox/Kochneva Tetyana/tasch/Milan Gonda/Josemaria Toscano/Khoroshunova Olga/
trekandshoot/Kwiatek7/shikema/setsu/LaiQuocAnh/Production Perig/Virginija Valatkiene/Sergey Novikov/
LiliGraphie/Matej Kastelic/canadastock/atiger/Michael C. Gray/lphoto/Shin Okamoto

February

Adisa/Spumador/Corepics VOF/AustralianCamera/Frank Fischbach/Leonid Andronov/RossHelen/Lipskiy/Samot/
Wata51/TTstudio/Alex Tihonovs/Deatonphotos/Karen Grigoryan/leoks/Rudy Balasko/Kwiatek7/
bikeriderlondon/Boris Stroujko/Taiga/Baturina Yuliya/karamysh/Filip Fuxa/shark3d/
Shahid Khan/StevanZZ/Ozerov Alexander/Frank Fischbach

March

StevanZZ/NaughtyNut/Botond Buzas/Dave Head/S.Borisov/Lucky-photographer/PomInOz/Nick Fox/Adisa/
JuliusKielaitis/Sergey Novikov/Matthew Dixon/Sam Spicer/kavalenkava/geniusksy/Porojnicu Stelian/Mike Mareen/
holbox/chombosan/Alex Emanuel Koch/Ksenia Ragozina/Michael Thaler/FiledIMAGE/
Anatoliy Lukich/Jag_cz/TTstudio/drmarkuss1/Alexey Stiop/IM_photo/Prasit Rodphan/trusjom

April

Mario Savoia/Christopher Gardiner/Zhukova Valentyna/ilolab/Leonid Andronov/Semmick Photo/alexilena/
f11photo/javarman/Mila Atkovska/Norikazu/jiratto/canadastock/Kris Wiktor/Andrea Paggiaro/holbox/
Janelle Lugge/Anton_Ivanov/beboy/inigocia/zincreative/StevanZZ/LiliGraphie/cocofis/Ankor Light/
worldswildlifewonders/Anna Moskvina/Wisanu Boonrawd/Joseph Sohm/seregalsv/

May

yoko_ken_chan/Nattawat_SPhoto/Valery Bareta/Masayuki/Alex Tihonovs/pavel dudek/Rafal Cichawa/
colacat/wong yu liang/sunsinger/Mapics/Stuart Monk/Marcin Krzyzak/Sean Pavone/Sergei Butorin/
sp.VVK/Olha Rohulya/NotYourAverageBear/somchaij/PHOTOCREO Michal Bednarek/DaLiu/Neirfy/
bartuchna@yahoo.pl/Zbigniew Guzowski/Viktar Malyshchyts/Felix Lipov/Aneta Waberska/
nudiblue/Barbara Barbour/Gaspar Janos/Siwabud Veerapaisarn

June

U. Gernhoefer/SP-Photo/BorisVetshev/Ann Moore/Boris Stroujko/anweber/Photo travel VlaD/
Catarina Belova/Prometheus72/KPG_Payless/S-F/Alexander Mazurkevich/FCG/Ekaterina V. Borisova/
V. Belov/Sean Xu/Littleaom/SvedOliver/aphotostory/JunPhoto/Rawpixel.com/StevanZZ/
Qing Ding/shin/Elenamiv/Dreamframer/Botond Horvath/Studio51/Anibal Trejo/Rawpixel.com

大切なことに気づく
365日名言の旅

2016年12月18日　第1刷発行

編者	WRITES PUBLISHING
発行者	大塚 啓志郎・高野 翔
発行所	株式会社ライツ社
	兵庫県明石市桜町2-22
	TEL　078-915-1818
	FAX　078-915-1819
印刷・製本	シナノパブリッシングプレス
装丁	坂田 佐武郎

Edited by Keishiro Otsuka
Assisted by Sho Takano, Kazuya Arisa,
Yukiko Yoshizawa

乱丁・落丁本はお取替えします。

©2016 WRITES,　printed in Japan
ISBN　978-4-909044-00-6
HP　http://wrl.co.jp
MAIL　info@wrl.co.jp